AF392601

LO QUE TU SIGNO DEL ZODIACO DICE DE TI

BRIGHID DE FEZ

www.zodiaco.guiaburros.es

Primera edición: mayo de 2020

ISBN: 978-84-18121-24-1
Depósito legal: M-12644-2020

IMPRESO EN ESPAÑA/ PRINTED IN SPAIN

Si después de leer este libro, lo ha considerado como útil e interesante, le agradeceríamos que hiciera sobre él una **reseña honesta en Amazon** y nos enviara un e-mail a **opiniones@guiaburros.es** para poder, desde la editorial, enviarle **como regalo otro libro de nuestra colección.**

Agradecimientos

A todos los ángeles y demonios que a lo largo de los años me he encontrado en mi camino. Personas de carne y hueso que con sus chanzas, con su incomprensión o zancadillas, con sus consejos, unas veces acertados y otras veces no tanto, o con su amor, respeto y confianza me pusieron en el sendero hacia mí realización, quizás sin saberlo en ocasiones, quizás con pleno conocimiento de causa otras. ¡Quién sabe! Gracias. Muchas gracias.

Algunos de ellos estuvieron, están o estarán, escasos minutos, otros durante un tiempo más o menos largo o toda una vida, pero todos, absolutamente todos, han contribuido, y seguro que lo seguirán haciendo, en lo que soy hoy en día. Para mí, todos habéis sido, sois y seréis importantes.

Mención especial a mí maestro y compañero del sendero Juan Luis Llacer, investigador y escritor de conocimientos místicos y espirituales que me ha concedido el honor de ser autor del prólogo de este libro.

Gracias, muchas gracias.

Sobre la autora

Brighid de Fez es profesional en artes y ciencias místico esotéricas, entre las que destacan la astrología, la numerología, el tarot y la quirosofía. Además es especialista en *wellnnes*.

En Madrid, comienza colaborando con artículos y programas de televisión con la empresa Cosmoastro, donde hará predicciones políticas desde finales del 2014 con gran acierto. También colaborará con "La Feria Esotérica de Atocha" y con la Escuela Europea Orden de Ayala. En la actualidad, sigue haciéndolo con esta última. En el 2018 escribe su primer libro *GuíaBurros: La magia del Tarot* y participa en el primer y segundo "Congreso Internacional de baraja y tarot."

A su vez, y desde el 1996, participa como fundadora y directiva con asociaciones como AMEPC, de la que fue su segunda presidenta, o ADIMAN. Presidió, entre otros proyectos de cooperación, "Equal Enlazadas", premiado por el Ministerio de Igualdad y Asuntos Sociales, o el proyecto de educación en liderazgo "Emprende +". A todo esto, se suman ocho años como Concejala de Presidencia de su localidad: Enguídanos.

Ha sido pionera en la creación de uno de los primeros Consejos de la Mujer en Castilla la Mancha. Todo ello como parte de un sueño: ayudar a crear un mundo mejor y más justo. Cabe destacar su papel, desde 2018, en la coordinación y dirección de Las Tertulias de Pensamiento Marginal del Ateneo de Madrid, del cual es socia.

Índice

"Los astros son de naturaleza física y solo pueden actuar sobre elementos físicos, como el cuerpo del hombre y las pulsiones a las que está orgánicamente ligados. Pero la razón y el libre albedrío no son de naturaleza física y las huellas celestes solo pueden actuar de manera indirecta, creando, por así decirlo, un clima. La decisión pertenece al libre albedrío y no obedece a ninguna necesidad. El sabio domina sus astros".

Santo Tomás de Aquino

Prólogo

¿Qué es la astrología? Esta es una pregunta imposible de ser contestada en las pocas líneas que convienen para el prólogo de un libro sobre esta ciencia-arte, considerada como la "madre" de todas las llamadas ciencias esotéricas u ocultas. Pero toda pregunta empieza a ser contestada adecuadamente cuando se la plantea en sus términos correctos, o se mencionan todos los elementos significativos que entran en la misma.

Empecemos, pues, por los conceptos de «esotérico» y «oculto», palabras sinónimas en lo relativo a su significado profundo. Dicho en términos resumidos, pero precisos, lo esotérico se refiere siempre al mundo interno de energías causales, siempre responsables del mundo externo de formas, acontecimientos y fenómenos. Además, ese mundo externo de formas y acontecimientos está siempre a la vista del sistema sensorial humano, compuesto por ese órgano interno al que podemos llamar mente, más los cinco sentidos periféricos, actuando el cerebro como necesario interfaz que aglutina toda la información que aporta el conjunto. Por lo tanto, el mundo de las formas y los acontecimientos no está oculto sino manifestado, y se ofrece a la percepción humana y a su experiencia de su existir en el mundo desde el nacimiento a la muerte.

Por consiguiente ¿qué es lo oculto?, de acuerdo a lo dicho en el párrafo anterior, lo oculto se corresponde con otro mundo paralelo y no perceptible por la sensorialidad humana, pero sí registrable por una forma de sensibilidad supramental, a la que cabe dar el nombre de intuición, que es la captación directa de las formas y los fenómenos en lo relativo a su verdadera naturaleza y propósito.

Volvamos ahora a la pregunta del inicio ¿Qué es la astrología? Podemos esbozar una primera respuesta diciendo que es la ciencia que se ocupa de las relaciones entre el microcosmos humano y el espacio en el seno del cual ese microcosmos «vive, se mueve y tiene el ser», en palabras del sabio cretense Epiménides, citadas por san Pablo en su discurso a los atenienses en el Areópago. Añadamos a lo anterior que todo microcosmos humano es un conjunto integrado de campos de fuerza de naturaleza físico-vital, emocional y mental, en cuyo centro simbólico se sitúa la sede de un yo consciente, capaz de pensar, sentir y actuar a merced de la función instrumental que radica en los campos de fuerza mencionados anteriormente, a los que se pueden llamar también cuerpo físico, cuerpo emocional o astral y cuerpo mental o mente.

El siguiente dato de interés para nuestro propósito de explicar la naturaleza de la astrología está en considerar el hecho de que nuestra existencia se desenvuelve en un medio ambiente cósmico, que es nuestro sistema solar con todos los objetos celestes en él incluidos. Por él circulan corrientes de energía de análoga cualidad a la que está presente en los tres campos de fuerza presentes en todo ser humano. Esas corrientes tienen diversos focos o centros de irradiación que se corresponden con los astros de nuestro sistema, el nuestro incluido.

Pero, además, nuestro sistema solar se parece a una gran ciudad amurallada en la cual los muros están formados por doce agrupaciones de estrellas, llamadas constelaciones, a las que la tradición ha asignado un papel importante en el discurrir de la vida y existencia de los seres humanos. Estas son las constelaciones del Zodíaco.

Y vayamos ahora al punto de mayor interés. Dijimos antes que la astrología se ocupa de las interacciones que se establecen entre el ser humano y su ambiente cósmico. Esas interacciones pueden darse en dos modos fundamentales: el de «impactos condicionantes» y el de «recursos disponibles». ¿En qué consiste cada uno de ellos?

El primer modo de interacción, al que hemos caracterizado como «impactos condicionantes», se produce en la medida en que el ser humano, sobre quien impactan las fuerzas provenientes de las fuentes planetarias de nuestro sistema y del Zodíaco, no ejerce un adecuado control sobre sus propios campos de fuerza, o sobre su triple naturaleza física-emocional-mental. Si yo me identifico erróneamente con los contenidos de mi mente, con mis estados emocionales y con mis acciones, las fuerzas de origen planetario y estelar me condicionan, me limitan y me impiden vivir con plena libertad. En este caso, ese patrón de impactos condicionantes, pero no determinantes, está registrado en la carta natal, u horóscopo, que ha de ser leído de acuerdo a los instrumentos de análisis e interpretación de los que dispone el astrólogo: identificación del signo solar más el ascendente, localización de los planetas en los distintos signos y en las llamadas casas, más los aspectos, favorables o perjudiciales, que se derivan de sus distancias angulares, de acuerdo a la carta natal del sujeto.

Pero hemos hablado de un segundo modo de interacción, al que hemos dado el nombre de «recursos disponibles». Entramos en este modo en la medida en que logramos ejercer un correcto control sobre nuestras fuerzas emocionales y mentales, con la consiguiente correcta expresión objetiva de nuestra vida subjetiva. De esta forma, los impactos que antes me condicionaban, ahora se me ofrecen como recursos disponibles para incrementar y elevar mi nivel de conciencia. El sabio mandato «Hombre, conócete a ti mismo», que figuraba en el templo consagrado al dios solar Apolo, en Delfos, establece la regla de oro para liberarnos del estrecho territorio de los impactos condicionantes, e ingresar progresivamente en el campo, abierto al infinito, de los inagotables recursos disponibles que el cosmos nos ofrece.

El tránsito entre un modo y otro no se parece al acto de cruzar una frontera que separa dos territorios distintos, puesto que hay una zona común de solapamiento en la que conviven factores condicionantes, y factores que me permiten obtener recursos para ir superando la acción limitadora de los anteriores. A mayor grado de autoconocimiento y de sabia e inteligente gestión de mis propios recursos, mayor grado de disponibilidad de los recursos cósmicos. Y lo contrario también es cierto: no conocer a mi ser profundo equivale a decir que el yo circunstancial ha usurpado el trono que solo debe estar ocupado legítimamente por él o ser esencial, lo que implica que mi existencia estará confinada dentro de los muros de la ciudadela de la mente no iluminada.

Con lo dicho hasta aquí, solo se ha dado un breve esbozo de esta magna ciencia llamada astrología. Conocerla y profundizar en su conocimiento, equivale a conocer y profundizar en el conocimiento del misterio de nuestra identidad, del propósito de nuestra vida, y de la razón de ser del universo en el que vivimos, nos movemos y tenemos el ser.

Juan Luis Llácer
Escritor

Introducción

El maravilloso mundo de las estrellas

Para que podáis entender mi pasión por la astrología, creo que es imprescindible que os cuente un poquito de mi historia, retrocediendo a mi niñez y a todo lo que esa etapa supuso para mí.

Soy la primera de tres hermanas. Mis padres emigraron a Castellón y allí nací. Pero con solo cinco años, volvieron a su lugar de origen, un precioso pueblo llamado Enguídanos, situado en la sierra baja de Cuenca y a orillas de un maravilloso río de aguas color turquesa, el Cabriel. Allí permanecimos hasta que cumplí nueve años y tras mi comunión, nos trasladamos a Barcelona. Esos años en el pueblo de mis ancestros, junto a los acontecimientos que allí acaecieron, marcaron profundamente mi ser. Nací hermosa, según siempre me han dicho, pero con unos problemas de salud, que con el tiempo fueron agravándose, que hicieron que pasase esos años sintiéndome apartada del mundo.

Ya entonces conocí la soledad, y a veces la marginación al no ser como la mayoría de los niños. Esto hizo que me convirtiera en una niña introvertida que pasaba el tiempo haciéndose demasiadas preguntas. Solo hallaba consuelo compartiendo espacio con algunos ancianos del lugar, cuyas historias y sabios consejos escuchaba con atención.

Pasaba también mucho tiempo observando la magnificencia del cielo y de todos los astros que en él se manifiestan y preguntándome que habría más allá.

Llegamos a Barcelona, y a diferencia de mis hermanas que fueron a un colegio laico, -para mí no había plaza-, termine en un colegio católico de monjas. Siempre digo que nada es casualidad, y todo lo que ocurre en la vida tiene un propósito. Y teniendo en cuenta que mis padres no eran religiosos, es curioso que yo fuera a parar ahí. Pero hace años entendí el por qué. Curiosamente, mi interés por el mundo espiritual era asombroso, y acabe, no solo sacando altísimas notas en religión, sino también siendo profesora de catequesis con solo trece años. Según la madre superiora, sor Rosa, yo describía información en mis exámenes que no entendía de donde la podía sacar, pues no se encontraba en los libros de texto. En pocos años, y tras seguir indagando en el mundo de las religiones, pase de querer ser misionera a prácticamente cuestionarme todas ellas al ir descubriendo sus historias y entresijos. He de decir que, hoy en día, no profeso ninguna, pero aun así me considero profundamente espiritual.

Pero vamos a lo importante. Porque seguramente te estarás preguntando que tiene que ver todo esto con la astrología. Un día, volviendo del colegio, y a causa de mi afición por los libros, descubrí en el escaparate de una librería mi primer libro de astrología: *Astrología* de Louis Macneice. Fue un descubrimiento impactante para mí por dos razones fundamentales: esta ciencia aunaba mis dos intereses principales: por un lado el conocimiento de los astros y nuestro sistema solar (astronomía) y la influencia sobre nosotros y el planeta. Y por el otro, la posibilidad que me prestaba para poder descubrir y conocer a los demás; la psique y personalidad humana (psicología). Comencé a devorar libros sobre este tema y a ponerlo rápidamente en práctica en mi vida diaria con mi gente y con aquellos a quienes iba conociendo. Ello me ayudaba a no sentirme tan intimidada al conocer a alguien y a tener la convicción y la seguridad de que con estos conocimientos podía prever con qué tipo de personas me encontraba. A su vez, me ayudaba a conocerme mejor a mí misma, mi potencial, mis posibilidades y las circunstancias de mi vida que yo no pude elegir, como mi familia, mi entorno, o esas enfermedades que me tocó sufrir.

La astrología fue la primera en llegar a mi vida, pero tras de ella, comencé a descubrir este inmenso mundo de conocimientos ancestrales, que hasta no hace mucho, estaban destinados a solo unos pocos capaces de comprender el misterio y la gran sabiduría que llevan implícitos. Afortunadamente, cada día más, estos conocimientos están al alcance de todos aquellos que quieren y necesitan saber la verdad, el origen de todo, la razón y el propósito de nuestro existir y de nosotros mismos.

Por eso, con esta pequeña guía, quiero compartir contigo este infinito universo y todo lo que te puede ofrecer para tener una vida más plena, feliz y cargada de sentido. Espero y deseo que la disfrutes y te sea de tanta ayuda como lo fue para mí.

Observa el firmamento y todas las estrellas que en
él relucen, porque este es solo el reflejo del mundo
en que vives, donde la estrella eres tú.

Un poco de historia

Astrología y astrólogos

El interés del humano por el espacio que le rodea se da desde el principio de su existencia, y en el caso de la observación del firmamento, siempre han sido observados los movimientos e influencias que este tiene sobre nuestro planeta y sobre nosotros mismos. Por ello, el origen de la astrología se pierde en el origen de los tiempos. Lo que sí sabemos es que, como la inmensa mayoría de artes y ciencias esotéricas, es que se introducen en la cultura occidental desde Oriente. La astrología está considerada como la precursora y madre de la práctica mayoría de saberes místicos, espirituales y esotéricos, estando presente en casi todos ellos: en la religión y la construcción de sus templos, en el Tarot, en la mitología o la Quiromancia. También precede a ciencias como la astronomía o la medicina.

Antaño, muchos asesores directos de reyes y gobernantes fueron astrólogos. Todavía hoy en día mucha gente poderosa recurre a ellos, aunque no lo reconozcan.

Hace veinticinco mil años, ya fueron documentados los ciclos de la Luna. Ya entonces observaron la fuerte influencia de los astros sobre todo lo que ocurría en la tierra. Posteriormente, la astrología de los caldeos, de los babilonios y de los egipcios, llegó y se transformó en la Grecia antigua al separarse de la religión y al desarrollar su riqueza simbólica. La libertad de pensamiento en relación con los dogmas religiosos, y los filósofos y eruditos de la época, les acercó más a una visión del universo más matemática y empírica. Así fue como la astrología se individualizó y emprendió el vuelo. A partir de entonces, el astrólogo tradicional une la psicología individual y personal con el universo.

Ptolomeo

Nacido hacia el año 90 d.C., escribió la biblia de la astrología. Con su obra *Tetrabiblos,* ejerció una gran influencia en el estudio de los astros. En ella se habla de cinco planetas y dos luminarias, pues Urano, Neptuno y Plutón aún no se habían descubierto. Ptolomeo pensaba que la astrología es como una medicina variable en función del horóscopo de cada uno.

Platón

Nacido el año 429 o 430 a.C., aportó un concepto según el cual todos los cuerpos terrestres y celestes participan del alma del mundo. Según su doctrina, que tiene una gran influencia en la astrología, los planetas son seres vivientes; el mundo mismo es un animal siendo la forma esférica O, el símbolo inequívoco de la perfección. La laicización de la astrología le retira su carácter religioso para convertirse en una ciencia por sí misma. Pero a pesar de estas tendencias, conserva una parte consagrada que se encuentra en la cultura griega; las particularidades de los planetas son, desde este período, las de los dioses del Olimpo.

Nostradamus

Nacido en el año 1503, aunó los conocimientos de la medicina medieval con la astrología. Para él, la astrología es un apoyo matemático para la inspiración de los médiums. Astrólogo de la corte del rey Carlos IX, trabajó con las fases de la luna y de las estaciones del año (equinocios y solsticios) y con los eclipses. Nostradamus describió las fases de la luna e interpretó los aspectos planetarios que extrajo de las efemérides, entre las que prefiere las de Carellus, Molétiuis, Léowitz, Simus y Stadius.

La astrología en la era moderna

La astrología llegó a estudiarse en las universidades, pero tras ser despreciada como una vieja y loca teoría, pasó a ser prohibida en Francia en 1866, sin más argumentos científicos que su inutilidad.

La astrología se democratizó ampliamente al alba del siglo veinte. Carl Gustav Jung, la investigó y la puso de nuevo en valor. Y no fue el único, por lo que la astrología vino desde ese momento para quedarse. De hecho, los grandes nombres de la astrología publicaron muchas obras con la intención de que cualquier individuo pudiera acercarse a esta disciplina. A lo largo de toda su evolución, nos encontramos con personajes clave que han aportado una gran contribución a esta ciencia, hasta nuestros días. Estamos seguros de que este ciclo se va a perpetuar y puede que nos lleve a realizar trabajos científicos para establecer ciertas realidades que ya están constatadas, pero con una seguridad más certera y probada. Aquí os presentamos a algunos de los personajes que han contribuido al avance de la astrología hasta hoy.

André Barbault

Este astrólogo apasionado, nacido en 1921, es un practicante comprometido que busca abrir una vía esclarecedora de la astrología iluminando los diferentes laberintos de este arte. Este es el autor que definió la teoría del índice de concentración planetaria, en el que se mide el alejamiento de los planetas del sistema solar. Según él, esto representa una clave en la astrología mundial; representa el coeficiente de repartición de los planetas alrededor del Sol.

Michel Gauquelin

Nacido en 1928, nos ha dejado estudios estadísticos que demuestran la validez de ciertos fundamentos de la astrología. El carácter y la orientación del destino de cada uno son, según sus trabajos, innegables, pues lo demuestra mediante una metodología radicalmente científica. Su trabajo se asemeja al de Kepler en el sentido de que ambos buscaban establecer una correlación entre las órbitas planetarias y las composiciones de la gama musical y los cinco sólidos perfectos de la geometría. Gauquelin presenta estadísticas que aportan miles de nacimientos de personas por categorías socioprofesionales, que ponen de relieve la influencia de los astros en los ángulos del cielo (casa I, casa IV, casa VII, casa X) en cada persona.

Catherine Aubier

Catherine Aubier es una astróloga especializada en astro-psicología y en astrología de pareja. Enfocando la disciplina a través del ángulo de las relaciones sentimentales, también la democratizó publicando masivamente obras de divulgación. Sus trabajos para diversas asociaciones han contribuido al progreso de la investigación astrológica y ha sabido unir con claridad y concesión la psicología y la astrología.

Rob Brezsny

El astrólogo Rob Brezsny hizo avanzar a la astrología de un modo totalmente atípico, pues en sus horóscopos hace referencia a obras cinematográficas y literarias, lo que permite a sus lectores comprender un vasto concepto con pocas palabras. Esto es lo que hacía Michel de Nostradamus en su época, con las referencias culturales de entonces a través de sus *Centurias*, pero estas sin embargo no eran accesibles para todo el mundo. Rob Brezsny tiene el mérito de haber sabido adaptar su lenguaje al medio cultural común de Occidente. El carácter poético de sus horóscopos permite difundir con dulzura mensajes de primera importancia. Su voluntad de no deprimir a sus lectores y de ser fiel al mismo tiempo a los tránsitos planetarios que evoca es admirable. Destaca entre la mayoría de los astrólogos modernos, pues estos extraen interpretaciones sombrías que no aportan salidas.

Zodiaco y mitología

La mitología, frente a lo que dicen muchos estudiosos del tema, no es solo un conjunto de cuentos fantásticos y vacíos de sentido, sino que, por el contrario, representa una forma de expresión de la sabiduría tradicional. Esto es un hecho en lo que se refiere al tronco principal de las mitologías de todos los pueblos. Podríamos preguntarnos por qué los antiguos ponían pasiones y amores humanos en los dioses, a los que a la vez atribuían poderes sobrenaturales. Esto es muy sencillo de explicar, ya que lo que hoy nosotros traducimos como dioses era, para nuestros antepasados, la representación de las fuerzas rectoras del universo. Y, de acuerdo a la sentencia hermética de «como es arriba es abajo», las debilidades y potencias de los dioses podían ser, aunque no necesariamente, las de los hombres. De este modo, lo que nosotros llamamos mito, es simbólicamente un cúmulo de experiencias humanas expresadas de forma artística y simbólica.

Nuestros antepasados, tal como volveremos a hacer los hombres del siglo XXI, estaban muy atentos al comportamiento de los dioses, pues ellos sabían que esas potentísimas fuerzas tenían efectos inmediatos sobre la vida terrestre.

De ahí que siempre hubiera un cierto aire de respeto a esas energías que, como algo propio de civilizaciones ya caducas, degeneró en lo que hoy mal conocemos como sacrificios. Estos actos eran, en su origen, ceremonias de alta magia blanca destinadas a contrarrestar, en lo posible, esas tremendas vibraciones que manejan nuestro planeta.

Y, por supuesto, dichos experimentos no tenían nada que ver con sacar el corazón a un animal o machacar la cola de dos o tres lagartos. Lo que en esos santuarios se realizaba es conocido por los profesionales esotéricos y los iniciados actuales, ya que, en forma de símbolos, los antiguos nos han legado el secreto de su ciencia.

Urano fue el primer dios que reinó sobre el Universo y, uniéndose con Gea (la Tierra), procreó estirpes monstruosas: los gigantes hecatónquiros de cien brazos, los cíclopes y los titanes, poderosos y feroces. Entre estos seres monstruosos siempre hubo lucha y adversidad, hasta que un día, Urano, para poner orden en el universo, los encadenó sumergiéndolos en el Tártaro, lugar oscuro de castigo.

Gea, esposa de Urano, enfurecida por ello, pedía a sus hijos que la vengaran. Entonces, uno de los hijos de Urano, Kronos, atacó a su padre, lo mutiló y lo encadenó. Kronos se convirtió así en el segundo soberano del cosmos.

Pero el Hado, dios supremo, había establecido que, al igual que Kronos (Saturno) encadenó a su padre, un hijo suyo haría lo propio con él. Kronos, enterado de esto y deseando evitar el destino, decidió comerse a sus hijos al nacer. Y así lo hizo con Deméter (Ceres), Hera (Juno), Hades (Plutón) y Poseidón (Neptuno). Pero Rea, esposa de Kronos, cuando dio a luz a Zeus (Júpiter), un hijo hermosísimo, tomó una piedra y envolviéndola en pañales se la dio a Kronos, quien la comió engañado.

Zeus fue criado por los coribantes (un colegio de sacerdotes), quienes disimulaban el llanto del pequeño dios con el sonido de tambores y choques de escudos, a fin de que no fuera oído por el cruel Kronos.

Cuando Zeus creció se encontró con su padre y, después de vencerle y haberle hecho vomitar a sus hermanos, lo desterró del cielo. Fue entonces Zeus el tercer rey de los dioses antiguos, que dio la entrada a los dioses nuevos de la mitología griega.

Zeus (Júpiter) organizó el universo encarcelando en el Tártaro a los dioses antiguos que habían ayudado a Kronos y reunió a los demás en su corte celestial. Se casó con Metis, la Mente; con Temis, la Justicia; con Mnemosina, la Memoria; y se unió también a Leto, Deméter, Hera y Maya, teniendo de todas ellas hijos divinos: Atenea (Minerva), Febo (Apolo), Artemisa (Diana), Perséfone (Proserpina), Hermes (Mercurio), Ares (Marte), Hefesto (Vulcano), así como las musas y otras divinidades menores.

A cada uno, Zeus le dio una misión concreta y dividió el universo en tres reinos: tomó para sí el cielo y la tierra, dio los mares a Poseidón (Neptuno) y el reino de ultratumba lo cedió a Hades (Plutón).

La mitología representa a Poseidón con larga barba y de gigantesca estatura, armado con el poderoso tridente con el cual puede desencadenar las tormentas marinas y luego aplacarlas. Habita en las profundidades del océano, pero a veces emerge, recorriendo la superficie del agua en su carro arrastrado por delfines y acompañado por su cortejo de nereidas y tritones. Poseidón es a veces benigno y en ocasiones terrible, voluble e inconstante como el océano.

Hades (Plutón) es el señor del reino de los muertos. Hades significa en griego «lo que no se ve». Es un dios severo y solitario que raras veces sale de las profundidades de la tierra. Con los demás dioses casi no se relaciona y todos los hombres temen el momento en que se verán ante su trono. Su esposa es la hermosa y desdichada Proserpina, que fue raptada por él.

Zeus, Poseidón y Hades son los dioses más poderosos, pero hay otros muy destacados, los cuales mencionaremos a continuación. La hermosísima diosa del amor, Afrodita (Venus), que nació en una mañana de primavera de la espuma del mar, puede ofuscar la mente de los dioses y de los hombres encendiendo en ellos el fuego del amor.

Afrodita tuvo dos esposos: Hefesto (Vulcano), el herrero celeste y Ares (Marte), dios de la guerra. Este último fue poco venerado por los griegos pero mucho por el belicoso pueblo romano. De cuerpo atlético y siempre cubierto con armas, Ares induce a los hombres a la lucha en los campos de batalla.

Apolo (Sol) es el apasionado y esplendoroso dios solar. A través del cielo conduce el luminoso carro del Sol, que da calor y fuerza a todo el universo. Junto a sus nueve diosas hermanas, las musas, es el inspirador de los poetas y los músicos. Es también dios de la perfección y la belleza y era muy venerado en Grecia. El centro de su culto estuvo en Delfos. Su hermana Artemisa (Diana) es la diosa de la Luna y de la caza.

Un dios apreciado por los demás inmortales y amigo de los hombres es Hermes (Mercurio). Es muy astuto y arrojado. Le veneraron los médicos, los abogados e incluso los ladrones. Es el veloz mensajero de los dioses. Dio a los hombres la lira, la elocuencia, el lenguaje y la medicina.

Entrando en materia

¿Qué es una carta natal y para qué sirve?

La carta natal es el mapa en el que se representa la posición que ocupaban todos los planetas del sistema solar, incluidas las luminarias Sol y Luna, en el preciso instante en que nacimos. Para elaborarla se tienen en cuenta el día, mes y año de nacimiento, la hora, que es la que determinará el ascendente y la situación de las doce casas, y el lugar de nacimiento, que en base a sus coordenadas y ubicación, junto al resto de datos, determinará la posición exacta de los planetas y otros temas de la carta como los aspectos

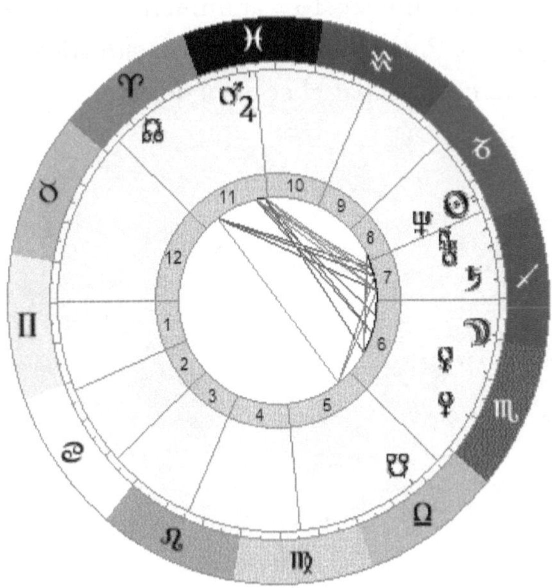

¿Para qué sirve una carta natal? No son pocas las ocasiones en las que escucho a muchos padres decir que cuando nacemos venimos al mundo sin manual de instrucciones. Mi experiencia con la astrología me confirma que ese manual se haya precisamente en las cartas natales. La carta define con bastante claridad el tipo de personalidad con la que nacemos y nos desarrollamos a lo largo del tiempo, así como las circunstancias e influencias externas con las que nos encontraremos y el propósito existencial que venimos a cumplir. Es el paquete de recursos con el que venimos al mundo y el vehículo que el alma utiliza para cumplir con su misión.

Es una herramienta que nos permitirá conocernos mejor y comprender los acontecimientos de nuestras vidas. En todo caso, recordemos nuestro libre albedrio y que nadie está rígidamente sujeto a la influencia de los astros o de su entorno. Pues cuando más evolucionados estamos, mejor podemos escapar al control de estos.

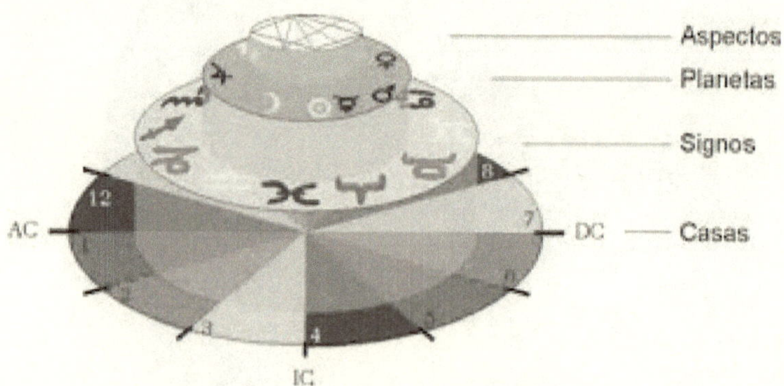

Tu ascentente o
el *alter ego* y el medio cielo

El ascendente, (AC): es el signo que se encuentra en el grado de la elíptica que sale por el este en el momento del nacimiento. Es importante saber nuestra hora lo más exactamente posible, pues debemos tener en cuenta que trascurre por los doce signos durante todo el día y que cambia cada dos horas aproximadamente. Además es el punto de arranque en la carta natal al corresponder al inicio de la primera casa.

Indica el vehículo que el alma va utilizar para expresarse como ser humano. Supone los cimientos de la personalidad (casa 1). Define los rasgos del cuerpo físico y la impresión que causamos en los demás. Aunque curiosamente, y aunque parezca extraño, esta impresión no se suele corresponder con la imagen que tenemos de nosotros mismos. Pues corresponde más a la personalidad que construimos a través de las experiencias y las personas que nos encontramos por el camino como espejo, que a nuestra esencia real; definida por el signo que ocupa el Sol. De hecho, cumplimos años siempre el mismo día y mes, pero sin embargo, nuestro ascendente cambia cada año en nuestro aniversario, determinando el tipo de personas, experiencias y aprendizaje que encontraremos a nuestro paso durante el mismo. Así como nuestra actitud a lo largo del año. Esto lo comprobaremos con la Revolución Solar cada cumpleaños. Es especialmente importante, tener en cuenta el o los planetas que estén conjunto al ascendente y los aspectos que haga el mismo, pues nos indicará que tipo de interés e impactos recibe nuestra personalidad. Así como el Planeta Regente del ascendente para ver dónde se encuentran las inquietudes principales.

El descendente, (DC): opuesto al ascendente y cúspide de la séptima casa, responde al tipo de personas con las que formamos pareja o asociaciones estrechas.

El medio cielo, (MC o *medium coeli*): es muy importante en la carta. Señala el punto más alto del cielo en el momento y lugar de nuestro nacimiento. El MC es el que nos va a dar una idea de aquello con lo que nos identificamos en la vida. Determina la cúspide de la casa 10, relacionada con nuestra vocación y/o profesión. Por ello, las características del signo que encontremos aquí serán muy importantes, pues nos darán información de por qué y en qué seremos admirados y reconocidos socialmente, en qué destacaremos, y dónde podremos sentirnos realizados. El legado paterno, la relación que tenemos con la autoridad o con el jefe, o incluso, el tipo de jefe que podemos ser nosotros, lo encontramos aquí. Como en el ascendente, es importante la influencia que reciba de planetas o aspectos del MC.

El *imum coeli*, (IC): es el punto que se encuentra debajo de nosotros en el momento del nacimiento (situado en las antípodas de este). Determina la cúspide de la casa 4 y hace referencia a nuestras raíces, el lugar y la familia de la que procedemos.

Tu signo del Zodiaco, tu Sol, tu esencia

El signo solar. Este es el signo que identificamos inmediatamente según nuestro día y mes de nacimiento. Donde se encuentra colocado el Sol en ese momento.

Son doce los signos del Zodiaco, con una duración de aproximadamente treinta días cada signo. Hay que aclarar que el día y hora del cambio de signo puede variar de un año a otro. Por lo que en un mismo día, nos podemos encontrar que por la mañana corresponde a un signo del Zodiaco, mientras que por la tarde tenemos el siguiente. Por ello es muy importante, sobre todo en estos casos, conocer la hora aproximada de nacimiento y realizarnos la carta natal.

Estos doce signos se dividen en cuatro grupos, que a su vez se relacionan y complementan. Aunque las características que comparten son muy básicas, por lo que se tomaran como mero indicativo de la relación que se puede dar entre ellos. Las agrupaciones tienen una larga historia; mientras las cualidades son una concepción griega, los cuatro elementos son anteriores a la filosofía. Los pitagóricos ampliaron esto a la noción de opuestos como par/impar, masculino/femenino, positivo/negativo, noción que afecta a otras tantas artes y ciencias.

Los elementos o triplicidades

Son las características fundamentales, las más interesantes y significativas y son cuatro: fuego, tierra, aire y agua.

- **El fuego** es el elemento de los entusiastas, creativos, apasionados y positivos. Le corresponden los signos de Aries, Leo y Sagitario.

- **La tierra** es el elemento de los realistas, prácticos, sólidos y constantes. Le corresponden los signos de Tauro, Virgo y Capricornio.

- **El aire** es el elemento de los mentales, intelectuales y comunicativos. Le corresponden los signos de Géminis, Libra y Acuario.

- **El agua** es el elemento de los sentimentales, sensibles, emocionales y soñadores. Le corresponden los signos de Cáncer, Escorpio y Piscis.

Las cualidades o cuadruplicidades

También son conocidas como las tres cruces: cardinal, fija y mutable.

- **La cruz cardinal** coincide con las cuatro estaciones del año y aporta la cualidad de la extroversión. Le corresponden los signos de Aries, Cáncer, Libra y Capricornio.

- **La cruz fija** aporta rigidez en cuanto a las creencias. Le corresponden los signos de Tauro, Leo, Escorpio y Acuario.

- **La cruz mutable** aporta la cualidad de ser flexible y adaptable. Le corresponden los signos de Géminis, Virgo, Sagitario y Piscis.

Masculinos y positivos / femeninos y negativos

Es la agrupación que hace referencia a las cualidades femeninas o negativas (energía ying), y masculinas o positivas (energía yang). Para no caer en error, esto no tiene que ver con la identificación que hacemos habitualmente de cada sexo, sino con las características asociadas a la energía de cada uno. Por lo que serán aplicables indistintamente de que sea un hombre o una mujer, por ejemplo:

- Los signos masculinos o positivos tienden a ser más extrovertidos. Estos son: Aries, Géminis, Leo, Libra, Sagitario y Acuario.

- Los signos femeninos y negativos tienen más tendencia a la introversión. Estos son: Tauro, Cáncer. Virgo, Escorpio, Capricornio y Piscis.

Polaridades

Cada signo tiene su opuesto y complementario en la rueda zodiacal. Es como si fueran dos mitades de una misma entidad. Dentro de sus grandes diferencias, a su vez se complementan precisamente por esto mismo. Por esa razón, se suele decir que se atraen tanto como se repelen. Estos estarían destinados a entenderse y aprender uno del otro.

- Aries y Libra
- Tauro y Escorpio
- Géminis y Sagitario

- Cáncer y Capricornio
- Leo y Acuario
- Virgo y Piscis

Los doce signos del Zodiaco uno a uno

ARIES: del 21 de marzo al 20 de abril

- **Elemento:** fuego.

- **Cruz:** cardinal.

- **Cualidad:** masculina.

- **Casa y número:** uno.

- **Símbolo:** el carnero.

- **Órganos:** cabeza.

- **Planeta regente:** Marte.

- **Palabras clave:** liderazgo, iniciativa, determinación, impaciencia, temeridad, franqueza, egoísmo, competición, pasión.

Los aries quieren destacarse y ser pioneros sobre todas las cosas. Es el fuego intenso en su máxima expresión. El comienzo del año astrológico. Los aries son individualistas, y el «yo» va por delante de todo lo demás.

Como primer signo de fuego, es el más apasionado de todos ellos. Hasta el punto de ser sumamente impaciente y mostrar una energía arrolladora, viva, torrencial y rebosante como la estación que se inicia con ellos, la primavera. Rara vez pasan inadvertidos; su entusiasmo, alegría y frescura les dota de un aire juvenil eterno y son admirados por su actitud vital, estimulante, motivadora y esperanzadora que contagia a los demás. A pesar de ser bastante atrevidos y aventureros, parecen no encontrarle complicaciones a nada, e incluso crecerse con las dificultades. Incluso cuando surge algún problema o inconveniente, se muestran optimistas y proactivos.

Su regente es Marte, lo que implica que son guerreros. Marte les dota de una energía que parece no agotarse nunca, por lo que siempre están dispuestos para la acción. Por esto es conveniente que hagan ejercicio y estén ocupados la mayor parte del tiempo. Si no canalizan bien esta energía, pueden llegar a ser personas iracundas y agresivas.

Hay que tener en cuenta que son altamente competitivos y que aunque disfrutan con el juego desean ganar intensamente. Son extrovertidos, poseen mucha fuerza y siempre están dispuestos para avanzar e incluso guiar a otros. Esto les confiere un don natural para liderar, aunque no tanto para trabajar en equipo, pues lo suelen hacer desde la motivación y el mando, impacientándose con aquellos más lentos o pusilánimes, a los que suelen dejar atrás. Es importante que aprendan a desarrollar la paciencia y la empatía con los demás. Este es su gran reto. Otro problema con el que se suelen encontrar es que, si les desaparece el estímulo inicial de atractivo y lucha por alguna cosa, pierden el interés y la abandonan para llevar a cabo cualquier otra. Por eso el egoísmo y la falta de constancia pueden hacerles perder muchas oportunidades.

La gran energía del niño aries, demanda aventura y actividad física. Es muy importante no sobreprotegerlo o inculcarle miedos e inseguridad, esto se convertirá en agresividad retenida que explota cuando menos lo esperas.

En el amor son apasionados y disponen de una fuerte energía sexual. Disfrutan conquistando a quienes se proponen y necesitan sentir que lo hacen a menudo, por lo que si establecen una pareja estable, esta tiene que seducirlos de forma constante. A pesar de ser muy independientes y necesitar su espacio, aprecian y requieren la atención y admiración de su pareja. Como amigos puede dar la sensación de no estar en muchas ocasiones, pero siempre están cuando los necesitas.

Ascendente

Como ascendente, su egoísmo suele acentuarse, así como la energía desbordante que, si se contiene inadecuadamente, puede terminar convirtiéndose en una agresividad mal expresada, sobre todo en las relaciones más íntimas y personales. Si canaliza esta energía en el deporte, pueden destacar en cualquiera de ellos. La cercanía de Mercurio y/o Venus a su Sol, puede suavizar las tendencias negativas de este ascendente.

Compatibilidad

Su gemelo por excelencia, y segundo signo de fuego, Leo, puede ser un o una compañero/a de camino excelente, tanto en la amistad como en pareja. Con Sagitario, el tercero del mismo elemento, también se da una muy buena relación, especialmente de amistad. Los signos de aire también tienen una alta compatibilidad con él, especialmente Libra, que les aporta equilibrio y suele provocarles una alta atracción física. Géminis y Acuario pueden ser buenos amigos. Los signos de agua no son muy recomendables, pues agua y fuego tienen que aceptarse tal cual para entenderse, y Aries no puede entender sus sensiblerías o los silencios con los que castigan cuando se sienten heridos. En cuanto a los signos de tierra como Tauro, Virgo y Capricornio, pueden asfixiarlo en su necesidad de aventura.

TAURO, del 21 de abril al 21 de mayo

- **Elemento**: tierra.

- **Cruz**: fija.

- **Cualidad**: femenina.

- **Casa y número**: dos.

- **Símbolo**: el toro.

- **Órganos**: cuello, garganta.

- **Planeta regente**: Venus.

- **Palabras clave**: practicismo, paciencia, sensualidad, hedonismo, sensorialidad, conservadurismo, economía, persistencia.

Tauro, como primer signo de tierra y de elemento fijo, representa la seguridad, la estabilidad, la paciencia y la persistencia de quien tiene muy claro lo que quiere y hacia dónde quiere ir. Está muy bien conectado con la tierra, convirtiéndose esta en muchos casos en su elemento de bienestar.

Los tauro no suelen correr riesgos innecesarios, por lo que suelen calcular muy bien cada paso a seguir. Solo arriesgan en el caso de no haber alternativa y tras pensarlo muy bien. Les gusta la rutina, pues les da sensación de control, por lo que no les agrada demasiado que se les saque de esta. La seguridad emocional y material son fundamentales para este signo, por eso les costará mucho romper con algo o alguien, o producir un cambio que desestabilice todo lo logrado.

Son sensoriales por excelencia y amantes de todos los placeres que la vida les ofrece: la buena mesa, los goces del amor, la apreciación de la belleza en su amplio espectro, los olores, etc. Su alto sentido de la estética y el buen gusto les hace disfrutar de la música especialmente. Poseen un buen oído, así como una voz privilegiada en muchos casos. Las obras de arte les atraen especialmente, sobre todo si son de valor. Son aficionados al lujo y pueden convertirse en grandes coleccionistas. También son muy realistas, suelen tener los pies muy bien asentados en el suelo. Además son grandes cabezotas que defienden las creencias adquiridas, por lo que les cuesta empatizar mucho con otras distintas.

El niño tauro suele ser muy tranquilo y bueno, para él es muy importante la seguridad emocional y valora mucho las muestras de afecto. La organización de tareas y horarios será importante para desarrollar la disciplina y que termine sus tareas. Son lentos, pero constantes.

En el amor son amantes leales y fieles, a su vez pueden ser celosos de sus parejas por el sentido innato de propiedad que tienen. Eso sí, envolverán al objeto de su amor en sensualidad, lujo, y en todo tipo de detalles tangibles, pues se expresan mejor con hechos que con palabras. Si le quieres regalar algo, que sea practico, funcional, de valor o estético.

Ascendente

Como ascendente, las características personales se hacen más notables y evidentes. La posición de su regente Venus, que no andará muy lejos, puede contrarrestar sus tendencias más dominantes. Aunque también incremente la fuerte estabilidad de Tauro y su gusto por los placeres.

Compatibilidad

Se complementa muy bien con los signos de agua, Cáncer y Piscis (seguramente el más compatible), que adoptarán muy posiblemente una actitud sumisa para su satisfacción y les aportará emocionalidad. A su vez, estos encontrarán en Tauro la seguridad emocional y económica que tanto buscan y a ellos les cuesta conseguir. Con Escorpio también, pero se dificulta por la rigidez y su fijeza en sus creencias y los fuertes caracteres de ambos, por lo que se hará imprescindible que compartan ideales y objetivos. No olvidemos que la tierra y el agua se retroalimentan mutuamente. La tierra aporta sostén al agua y el agua hace más permeable, nutricia y manejable a la tierra. Las relaciones también irán bien con los signos de su propio elemento, Virgo y Capricornio, aunque pueden pecar de ser frías y algo pesadas. Eso sí, conseguirán con arduo trabajo materializar todos sus proyectos y ambiciones. Los signos de fuego les aportarán viveza y algo de alegría, pero es muy posible que debido a la independencia de estos, no soporten el intento de control y la monotonía de Tauro. Los de aire no son compatibles por lo general, aunque haremos una excepción con Libra, signo regido también por Venus, de naturaleza complaciente y pasiva con el que comparte el gusto por el deleite de los sentidos.

GÉMINIS, del 22 de mayo al 21 de junio

- **Elemento**: aire.
- **Cruz**: mutable.
- **Cualidad**: masculina.
- **Casa y número**: tres.
- **Símbolo**: los gemelos celestes.
- **Órganos**: pulmones y brazos.
- **Planeta regente**: Mercurio.
- **Palabras clave**: curiosidad, inteligencia, versatilidad,adaptación, ductilidad, comunicación, desasosiego, despiste, superficialidad.

Géminis, primer signo de aire, es el curioso por excelencia. Los Gemelos le aportan dualidad, que les otorga multitud de aspectos. Destaca su capacidad para poner su atención en más de una cosa a la vez, aunque esto puede suponerle problemas de concentración en algunas ocasiones. Debido a todo esto, es frecuente que un géminis inicie proyectos nuevos dejando a medias los anteriores.

Son naturales, joviales y alegres, es prácticamente imposible aburrirse con ellos. Suelen prodigarse en relaciones con conocidos y amigos, y ser de fácil trato y muy adaptables. Pero cuidado, nada manipulables y muy independientes, pueden desaparecer sin previo aviso. Generalmente huyen de los conflictos, llegando a mentir si es necesario para evitarlo o salirse con la suya. A veces, incluso pueden llegar a creerse sus propias mentiras e historias sin fundamento. Positivamente, esto y su viveza mental, los puede convertir en excelentes escritores de ficción.

Es importante apoyar al niño géminis en sus estudios y responder a su curiosidad, canalizar su inquietud física y mental y enseñarles a organizarse y a acabar con lo que comienzan.

En el amor, desean compañeros inteligentes, independientes y con personalidad. Hay que tener en cuenta, que si se quiere conquistar a un géminis, es importante tener una buena capacidad de escucha activa, pero también ser un pozo de conocimiento y sabiduría lo suficientemente atrayente como para despertar su curiosidad y su deseo de escuchar. Es indispensable que se dé un buen flujo de conversación con ellos. La fidelidad no es una de sus cualidades. Buscan ante todo un compañero.

Ascendente

La inconstancia y la superficialidad pueden manifestarse de forma más potente, y del mismo modo, la necesidad de mostrarse al mundo como un erudito en diversos temas. Los viajes a distancias cercanas será uno de sus *hobbies* favoritos, junto a las actividades al aire libre. La posición de Mercurio será muy importante.

Compatibilidad

Según mi experiencia, Acuario es la pareja ideal de Géminis. Ambos tienen mucho en común, pues son mentales e independientes, pueden establecer una relación abierta y tener muchos amigos, intereses sociales y objetivos parecidos. No combina bien con Libra, pues este demanda un amor más comprometido y leal. Leo, signo de fuego, le puede resultar muy atrayente por su gran personalidad, y a su vez, este sabrá cómo tratar a Géminis y a su vez controlarlo. Con Sagitario, su signo opuesto en la rueda zodiacal, se da una fuerte atracción; nunca se aburrirán juntos, compartiendo viajes, amigos y tertulias. Los signos de agua y tierra, con sus altas demandas, seguramente no sean capaces de retener este aire tan volátil y rápido en la huida.

CÁNCER, del 22 de junio al 22 de julio

- **Elemento**: agua.

- **Cruz**: cardinal.

- **Cualidad**: femenina.

- **Casa y número**: cuatro.

- **Símbolo**: el cangrejo.

- **Órganos**: pechos, ovarios y tubo digestivo.

- **Planeta regente**: Luna.

- **Palabras clave**: matriarca, intuición, protección, preservación, capricho, susceptibilidad, imaginación, prudencia, emoción.

Cáncer es el primer signo de agua y el segundo cardinal. Con el comienza el solsticio de verano. Además, su regente es una luminaria, la Luna, que representa la energía femenina en toda su plenitud y todo lo que tiene que ver con esta.

Por esto en Cáncer, solemos encontrar padres, y sobre todo madres abnegadas. Fuertemente vinculados a la familia de origen, y sobre todo a la madre, en muchas ocasiones les es difícil encontrar una pareja que comprendan y acepten este vínculo tan fuerte. Esto, junto a la vocación de servicio que tiene hacia la familia, y el apego tan fuerte con el que aman, puede llevarles a no llevar a cabo su propia familia, por lo que nos encontramos con mucha soltería. A esto suele unírsele la frustración de no haber tenido hijos, un deseo generalmente innato de los de este signo.

Curiosamente, los cáncer pueden comportarse como niños eternos, demandantes de atención y afecto constantes. Su tez pálida y unas facciones dulces y sensuales suelen despertar bastante ternura. Tienen tendencia a los cambios de humor y son melancólicos por naturaleza, por lo que suelen vivir en el pasado. La nostalgia puede hacer que se depriman y que les genere ansiedad por un futuro incierto hacia el cual no avanzan. Su alta emocionalidad se mezcla con una gran imaginación y con una intuición y percepción extraordinarias, por lo que se suelen percatar de cuando les están mintiendo. Esto, junto a su romanticismo innato, les puede convertir en excelentes poetas y artistas.

Las posesiones les aportan seguridad, especialmente su hogar, y se manejan muy bien en las negociaciones de compra y venta de valores. Además son ahorradores y poco pródigos a compartir sus cosas, aunque esto no suele ocurrir con la familia, a la que ayudarán si es necesario. Son protectores y trabajan muy bien con niños y ancianos, por lo que no será difícil encontrarlos en guarderías o geriátricos dedicándose al cuidado de estos. Poseen control y disciplina para llevar a cabo lo que se proponen. Valoran mucho el misticismo como herramienta de crecimiento personal.

El niño cáncer es muy sensible y nunca olvida cualquier daño infringido. Su niñez es el pilar de su construcción como adulto. Posiblemente reclamará atención y caprichos con lloros y rabietas. Además es importante no inculcarles miedos e inseguridades. Son muy perceptivos.

En el amor, son idealistas, románticos y soñadores. Algo celosos y posesivos; esto puede deberse más a su tendencia a la inseguridad y la dependencia que al afecto o amor que sienten por sus parejas. Suelen darse noviazgos largos por las obligaciones que se crean con la familia de origen, pero si llegan al matrimonio, se volcarán en crear su propia familia y demostrarán su devoción por los cónyuges a través de la cocina, elaborando exquisitos platos, sobre todo dulces. Pueden ser muy demandantes de afecto, celosos y desconfiados si no reciben la atención que necesitan. Deben cuidarse de caer en el papel de víctima.

Ascendente

Aquí, el signo de Cáncer se preocupa especialmente en ser soporte y apoyo de su compañero de vida, y realizándose prácticamente a través del mismo. Crear una familia y/o tener hijos, así como su seguridad emocional y material, pueden ser su motor principal. Es importante ver dónde está su regente, la Luna, para determinar esto con más exactitud.

Compatibilidad

Se sentirán naturalmente atraídos por sus iguales en elemento: Escorpio y Piscis. Pareciera que se entienden sin hablar, compartiendo sensibilidad y emociones. Los signos de tierra, como Tauro y Capricornio, les pueden dar la estabilidad y seguridad que ellos tanto necesitan, y que en muchas ocasiones compensan con una devoción y servicio absolutos. Con Virgo, su compatibilidad suele ser más una cuestión de empatía y amistad, pues ambos comparten timidez e inseguridades. Con los signos de fuego y aire se dificultan las relaciones de pareja por su alto grado de independencia.

LEO, del 23 de julio al 22 de agosto

- **Elemento**: fuego.
- **Cruz**: fija.
- **Cualidad**: masculino.
- **Casa y número**: cinco.
- **Símbolo**: el león.
- **Órganos**: corazón y columna vertebral.
- **Planeta regente**: Sol.
- **Palabras clave**: orgullo, magnanimidad, generosidad, grandeza, reinado, yo, ego, creatividad, poder, atracción, brillo, luz.

Leo, el segundo signo de fuego y cruz fija. Está regido por nuestra estrella: el Sol, la luminaria más brillante e importante de nuestro sistema; este es el único signo que rige.

Por eso no es de extrañar que los Leo deseen ser los protagonistas y el centro de atención. Se sienten importantes y a menudo brillan con la misma fuerza que su regente. Si se les ignora o critica, suelen sentirse heridos y batirse en retirada para lamer sus heridas. Los leoninos, esconden una gran sensibilidad, aunque su orgullo les suele impedir mostrarla.

Del mismo modo, son pródigos y generosos, sobre todo con aquellos que aman. Altamente creativos y emprendedores, las ideas florecen fácilmente en sus mentes, encontrando solución para casi todo. Esto unido a su entereza, junto a su optimismo, los hace muy válidos en caso de caos donde otros pierden el control.

Leo es el rey, y tiene capacidad de mando y de organización, por lo que el lugar al que aspiran es el de liderar, gobernar, y mandar. Sociables por naturaleza, son habituales en encuentros de este tipo, dónde destacan su elegancia, diplomacia y saber estar. Aunque cuando cogen confianza expresan con rotundidad su franqueza e ideas, pudiendo incomodar a más de uno. Suelen ser asertivos y resilentes, diciendo lo que piensan en cada momento y creciéndose con las dificultades ante las que otros se amedrentan. Pero esto no les exime de deprimirse en ocasiones, la frustración, la impotencia o la falta de afecto de aquellos que ama, les someten a una profunda tristeza, y esto puede hacer que desaparezcan por un tiempo y se encierren en la más absoluta de las soledades. Aún así, suelen recuperarse con rapidez, recobrando su autoestima innata y su independencia.

Tienen un temperamento fogoso, y esto se nota en todo lo que hacen y dicen. Esto puede provocar precipitación a veces y mal pronto, aunque este se les pasa enseguida. No son rencorosos, e incluso pueden olvidar fácilmente los agravios ocurridos, por lo que no entiende los reproches. Dramáticos por naturaleza, pueden ser excelentes actores o comunicadores, e incluso políticos, donde se lucen con mucha facilidad.

Para el niño leo, son muy importantes el amor, el protagonismo y la valoración que esperan de sus padres así como la reputación de estos, pues si no es buena, se avergonzará de los mismos. Suele ser tímido, aterrándole el ridículo, pero esto se invierte conforme va creciendo si se siente valorado.

En el amor, son apasionados, y muy leales. Y aunque necesitan que se respete su espacio, los Leo a su vez pueden pecar de controladores en su afán de proteger y resolver todo lo que tiene que ver con su familia. Son los jefes de la tribu, y desean bienestar y armonía para todos. Sus hijos son su orgullo, y a veces lo sienten como su mejor obra (la figura del padre está representada en este signo) y no dudan en lucirlos, así como a sus parejas. La admiración mutua es muy importante para ellos, y muchas veces pecan de idealizar a los que aman.

Ascendente

Leo como, signo ascendente, acrecienta para bien y para mal, todas sus características, aumentando su ego y su carácter autoritario. Aunque, curiosamente, pueden no reconocerse en estas actitudes y ello dificultar su relación con los demás, creyéndose víctimas de una conspiración.

Compatibilidad

Sin duda sus mejores aliados serán los otros dos signos de fuego: Aries y Sagitario, con los que compartirá proyectos y entusiasmo por la vida. Con los signos de aire se relaciona muy bien; a Géminis lo admira por su inteligencia, conocimientos y capacidad mental. De Libra le seduce su belleza, sensualidad y capacidad de demostrar su amor y devoción. Con Acuario, su opuesto, la atracción es irremediable, aunque en ocasiones se convierte en repulsión. Son muy distintos pero tienen mucho que aportarse y aprender el uno del otro. Los signos de tierra le aportan estabilidad, aunque se los recomiendo más a los chicos Leo que a las chicas. Y los de agua, simplemente pueden apagarlos, asfixiarlos y frustrarlos.

VIRGO, del 23 de agosto al 22 de septiembre

- **Elemento**: tierra.
- **Cruz**: mutable.
- **Cualidad**: femenina.
- **Casa y número**: seis.
- **Símbolo**: la virgen.
- **Órganos**: sistema nervioso, intestinos, páncreas y estómago.
- **Planeta regente**: Mercurio (segundo signo junto a Géminis).
- **Palabras clave**: crítica, meticulosidad, hipocondría, detalle, minuciosidad, humildad, análisis, censura, modestia, timidez.

Virgo es el segundo signo de tierra, siendo mutable y regido por Mercurio. Con ellos, y al contrario que en el caso de los Leo, se hace manifiesta la modestia y la humildad, no habiendo necesidad de protagonismo, e incluso dificultando las relaciones con los demás en ocasiones.

Es tímido e inseguro por lo general, por lo que se siente más a gusto en espacios donde no se siente observado. Esto es debido a un carácter autocrítico que los puede cargar de complejos. Del mismo modo son muy críticos con los demás y su entorno, haciéndoles aprensivos y escrupulosos.

Mercurio les dota de una gran inteligencia y capacidad de análisis y detalle que los hace muy valiosos en trabajos de laboratorio, contabilidad u organización. Son perfectos como apoyo técnico detrás de los líderes, por ello son también excelentes secretarios/as. Su inseguridad les puede hacer apegarse a los afectos, especialmente de la familia, pues a nivel de pareja, son muy exigentes y no suele ser una prioridad para ellos, siendo el signo que alberga más soltería.

Tienen una gran capacidad de trabajo, en el cual se realizan normalmente, por eso es importante que hagan lo que les gusta. Las labores de servicio y de la salud son aéreas en las que se mueven con soltura. Se preocupan enormemente por la salud, la higiene y la alimentación, pudiendo llegar a casos extremos de hipocondría. Gozan de un sentido del humor algo sarcástico.

De pequeños suelen ser muy buenos niños y parecen no necesitar especial afecto y atención. Sin embargo, es importante que los padres les den ejemplo mostrando sus afectos, pues les cuesta naturalmente hacerlo, y que además ensalcen su autoestima poniendo en valor sus cualidades, esto ayudará a que sean más felices de adultos y a que no sufran o se preocupen en exceso.

En el amor, son comprometidos, devotos y serviciales cuando encuentran una pareja que cubre sus muchas exigencias. Además, esta tendrá que aprender a comprender su gran reserva y la dificultad que tienen para mostrar sus afectos generalmente. Si les decepcionas, se mostrarán distantes y ofendidos, aunque difícilmente te dirán porque. Junto con Cáncer, también son de noviazgos lo suficientemente largos como para conocer a su pareja en detalle y sentirse seguros de que han hecho la mejor elección. No soportan equivocarse, y esto les puede llevar a mantener una relación y ser infieles.

Ascendente

El ascendente en Virgo, todo lo expuesto se suaviza y aporta buenas cualidades por lo general. Es muy importante la situación de su regente Mercurio, que desempeñará un papel muy importante en la carta natal. Seguramente serán personas muy válidas para la sociedad por el servicio que presten a la misma, pues es muy posible que enfoquen toda su atención en su carrera o trabajo.

Compatibilidad

Los signos de agua pueden aportarle emotividad y sensibilidad, además de conectarlos con el mundo de la imaginación. Con Cáncer se entiende muy bien, aunque recomiendo más la amistad que la pareja. Escorpio le aportará fuerza y pasión, y él serenidad a este. Con Piscis se puede dar una relación atípica y curiosa, pues ambos juntos pueden prestar un gran servicio a la humanidad. Con su propio signo pueden reforzarse los defectos, hacerse espejo y no reconocerse, desembocando todo esto en una relación fría y muy dependiente; no lo aconsejo en absoluto. Con Tauro y Capricornio, serán como hormiguitas que construyen una vida segura y estable sobre todo. Los signos de fuego, le aportarán brío, pasión, y les ayudará a desarrollar su creatividad. En el caso de los signos de aire, quizás su mejor relación se pueda dar con Géminis, con el cual comparte características, aunque estas serán más de tipo intelectual.

LIBRA, del 23 de septiembre al 23 de octubre

- **Elemento**: aire.
- **Cruz**: cardinal.
- **Cualidad**: masculino.
- **Casa y número**: siete.
- **Símbolo**: la balanza.
- **Órganos**: riñones y glándulas hormonales.
- **Planeta regente**: Venus (segundo signo junto con Tauro).
- **Palabras clave**: elegancia, equilibrio, matrimonio, resentimiento armonía, belleza, estética, diplomacia, paz, indecisión, presunción.

Con Libra comienza el otoño. Es el séptimo signo de los doce, cardinal y de aire, y se encuentra opuesto al primero que es Aries, y mientras este está centrado en el yo, Libra está más ocupado en darse al prójimo. Son generosos, diplomáticos, y tienen un alto sentido de lo que es justo y lo que no. Aquí la frase «no hagas a los demás, lo que no quieres que te hagan a ti» toma su máxima expresión.

Para los Libra, es importante compartir, y por lo tanto, tener una pareja se convierte en su sueño más preciado. También es importante para ellos la estabilidad en la relación y la buena comunicación. A Libra le cuesta tomar decisiones, y esto les puede causar graves problemas, por eso, el apoyo y asesoramiento de una pareja, se convierten en imprescindibles para los de este signo, lo que les puede hacer muy dependientes.

No les gustan las discusiones ni los enfrentamientos, ante los que se sienten impotentes y no saben muy bien como obrar. Por eso puede aparecer el resentimiento cuando se sienten agredidos o enfrentados. La armonía y el bienestar son importantísimos para ellos, y su gusto por la belleza, el lujo y la estética, les lleva a invertir grandes sumas de dinero en sus cuidados y la decoración. El equilibrio necesita sentirlo en todo, en sí mismo, en los otros y en todo lo que les rodea, y lo buscan constantemente.

Las profesiones relacionadas con la justicia, la diplomacia, la moda, y las relaciones públicas son excelentes opciones para ellos. Aunque en realidad tienen un fondo agresivo, lo manifiestan con sutiliza y tienen capacidad para resolver conflictos y lograr que otros lleguen a acuerdos, por lo que son excelentes asesores. Suelen ser parsimoniosos y no soportan las prisas. Es por esto que suelen tener fama de vagos, no siendo esto cierto.

Tienen una gran necesidad de experimentar placer. No tenemos que olvidar que su regente es Venus, y en este signo se manifiesta muy poderosamente, incluso más que en Tauro. El deleite de todos los sentidos junto a la expresión máxima de la sensualidad y la belleza se hace aquí evidente.

Los pequeños Libra serán felices mientras tengan armonía, puedan lucirse y expresar sus gustos. Estimular sus capacidades artísticas e imaginativas es muy buena idea, así como el tener algún animalito al que tengan que cuidar.

En el amor, necesitan una pareja fuerte y con personalidad que les ayude a resolver sus necesidades. Son amantes extraordinarios, que saben utilizar la palabra y actuar de un modo completamente seductor, logrando en muchas ocasiones estar rodeados de pretendientes en espera de una oportunidad. Son encantadores y poseen una belleza natural que seduce con su presencia y saber estar. El matrimonio es muy importante para ellos.

Ascendente

En el caso de tener Libra como ascendente, se desdibujarán muchas de las características de este signo, siendo eclipsadas por otras influencias más potentes de la carta natal. Aunque seguro aporta rasgos que resaltarán la belleza y buenas formas que Libra da, sin olvidar la posición de Venus.

Compatibilidad

La relación con los otros signos de aire, Géminis y Acuario está muy bien como amistad o relación de trabajo, pero como pareja no les ofrecen la seguridad que tanto anhelan; dispersión puede ser un problema para ellos. Los signos fijos como Tauro, con el que comparten intereses y regente. Así como Leo que les aporta brillo y estatus, ambas las considero muy apropiadas por tener las ideas muy claras y les darles la firmeza que a ellos les falta. Los signos de agua no son muy compatibles con ellos, pudiendo desestabilizarlos por su alta emocionalidad. Con Capricornio harán una pareja social envidiable. Con Virgo, es posible que no se entiendan. Y en el caso de Aries y Sagitario, puede haber aventuras apasionadas y simpáticas que no llegarán demasiado lejos.

ESCORPIO, del 24 de octubre al 22 de noviembre

- **Elemento**: agua.

- **Cruz**: fijo.

- **Cualidad**: femenina.

- **Casa y número**: ocho.

- **Símbolo**: el escorpión y el águila.

- **Órganos**: genitales y órganos reproductores.

- **Planeta regente**: Plutón (Marte en la astrología clásica).

- **Palabras clave**: intensidad, profundidad, sexo, pasión, clarividencia, vigor, intuición, celos, obsesión, resentimiento, fuerza.

Escorpio es un signo cargado de intensidad en todos los aspectos. Es el poseedor de la mayor fuerza emocional, intuitiva y física de todos los signos. Hasta que Plutón fue descubierto, aceptado como planeta y asignado a Escorpio, este ha sido regido por Marte, el cual sigue teniendo su domicilio en la casa ocho correspondiente a Escorpio, además de en Aries. Por lo tanto, podemos decir que Escorpio tiene las características de ambos planetas.

Por esa razón, los nativos de este signo poseen una fuerza y resistencia extraordinarias, además de una sensibilidad extra sensorial que los hace personas a las que es prácticamente imposible engañar, pues poseen la capacidad de ir más allá de lo evidente.

Emocionalmente son intensos, celosos y absorbentes, pudiendo incluso a llegar a ser destructivos, aunque muchas veces, la mayor carga de agresividad la dirigen hacia ellos mismos siendo autodestructivos. Son de naturaleza reservada y tienen verdaderas dificultades para expresar sus emociones, pues tienen la creencia de que esto es una debilidad. Esto se debe a una visión algo catastrófica y apocalíptica de la vida que pueden tener. Eso sí, son asertivos, directos y firmes en sus ideas y opiniones, haciéndose muchas veces dueños de la verdad más absoluta. Esto les impide, en muchas ocasiones, ser empáticos y tener en cuenta otras formas de ver las cosas.

Del mismo modo, son personas, por lo general, muy honradas, honestas y leales a sus afectos, estando siempre ahí cuando de verdad los necesitas. Pero no toleran la mentira, por lo que si se sienten estafados en cualquier aspecto, el resentimiento se hará con ellos, eliminándote de entre sus amistades e incluso contemplando una posible venganza.

Toda esta intensa energía es muy buena cuando la dirigen hacia la realización personal en cualquier área que se planteen, sobre todo en lo profesional. Son trabajadores excelentes y responsables, y darán lo mejor de sí mismos si están a gusto. También son emprendedores y pueden ser buenos líderes utilizando está energía para la motivación del grupo.

Durante la infancia, estos niños tremendamente observadores, perspicaces e intuitivos, son capaces de distinguir perfectamente lo que se les oculta y la coherencia entre lo que sus padres y entorno dicen y hacen. Por este motivo es importante darles ejemplo y no mentirles.

En el amor, los Escorpio aman con profundidad y pasión y exigen tanto como dan. Si tienen la suerte de dar con una persona serena, honesta y comprensiva, esto los suavizará y les aportará la paz que tanto necesitan. El sexo es muy importante para ellos, como descarga de energía y expresión de sus emociones. Ellos tienden al desasosiego, los celos, la desconfianza e incluso el control y la agresividad. Pero si están en equilibrio, tendremos una pareja entregada, leal y tremendamente amorosa con la que no nos faltará de nada.

Ascendente

Cuando Escorpio lo tenemos como ascendente, muy posiblemente entra en acción su signo opuesto, Tauro, que les aportará paciencia y calor humano e incrementará su atractivo. También, debido a esto, se acrecentará la posibilidad de testarudez y carácter posesivo, que no es tan evidente cuando Escorpio es signo solar, que suele ser aplacado por la cercanía e influencia de Mercurio y Venus.

Compatibilidad

Sin duda, los signos de su mismo elemento, Cáncer y Piscis, son muy buenas opciones. Emocionalmente son muy parecidos, pero estos últimos son más calmados y tiernos, y por lo tanto le ayudarán en la expresión de sus emociones. Los signos de tierra, Tauro, Virgo y Capricornio, también pueden ser una buena opción, sobre todo para dar estabilidad y sosiego a los Escorpio. Con los signos de fuego, Aries y Leo, puede haber encuentros pasionales y muy intensos, pero al igual que en el caso de los Sagitario, que son muy independientes, será difícil establecer relaciones firmes, a no ser que otros aspectos suavicen bastante la carta natal de un Escorpio.

SAGITARIO, del 23 de noviembre al 21 de diciembre

- **Elemento**: fuego.

- **Cruz**: mutable.

- **Cualidad**: masculino y positivo.

- **Casa y número**: nueve.

- **Símbolo**: el arquero, centauro.

- **Órganos**: hígado, caderas y muslos.

- **Planeta regente**: Júpiter.

- **Palabras clave**: filosofía, alegría, libertad, juventud,exploración, valores, informalidad, optimismo, grandeza, superficialidad.

Sagitario es mitad hombre, mitad caballo, una combinación que le dota de energía física, además de un intelecto extraordinario. Junto con Géminis, su opuesto, es un signo dual, y eso lo dota de una versatilidad que hace que su cuerpo y su mente actúen como uno solo.

Es el tercer y último signo de fuego. Este fuego les inyecta entusiasmo, fuerza y viveza, además de una contagiosa intensidad emocional y optimismo. Posiblemente, su sonrisa sea su carta de presentación más característica.

Los Sagitario tienen la habilidad de captar el estado de las situaciones con mucha rapidez; su agilidad y rapidez mental se lo permite. Aunque esto a su vez les hace dispersarse a menudo, dando la sensación de que no prestan atención. Tienen un verbo poderoso que les permite estar en una conversación de forma activa, incluso a veces hablando tanto que no permiten que otros metan baza.

Disfrutan viajando y descubriendo culturas y otras formas de vivir. De hecho, tienen gran facilidad para aprender otros idiomas. Su curiosidad y su necesidad de aprendizaje y aventuras nuevas es inmensa, pero disfrutan mucho más aprendiendo de la vida y de la propia experiencia que de estar inmersos en un espacio cerrado y solitario, lo cual aborrecen. Sociables y humanistas por naturaleza, para ellos todos los seres humanos somos iguales y no entienden los prejuicios que pueden alimentar quienes se empeñan en discriminar por razones de raza, religión o cultura.

Por lo general, son personas nobles, con una visión filosófica y espiritual. Les atrae todo tipo de profesiones que favorezcan la comunicación, el movimiento constante o la enseñanza (pueden ser maestros excepcionales que además congenian muy bien con los alumnos). La ética y los valores también son muy importantes para ellos.

Lo más peligroso para los Sagitario son todo tipo de estancamientos, sean físicos (pueden pasar de una excelente forma física a engordar desorbitadamente) o mentales, como no tener ilusiones. Esto les acarreará un desasosiego que puede conducirlos a enfermar y perder su alegría natural.

Los pequeños Sagitario llenaran de alegría cualquier hogar y difícilmente se estarán quietos. Por eso es importante que los padres les dejen espacio para jugar y experimentar, e incluso que compartan con ellos algunosde estos momentos. También viene bien sacarlos a menudo para que su curiosidad sea saciada. Serán muy preguntones; prepárense para darles respuestas.

En el amor, son seductores y grandes enamoradizos, pero también aventureros, por lo que les cuesta comprometerse y suelen casarse tarde. Les gustan mucho los niños, y esto puede ser un aliciente importante para crear una familia. Pero sus parejas deben estar preparadas para salir a menudo y estar rodeados de amigos.

Ascendente

Este es uno de los mejores ascendentes, pues aporta optimismo y gozo por la vida. Además, sus poseedores tendrán un toque de suerte para salir indemnes de muchas situaciones, así como recibir oportunidades inesperadas. Hay que tener en cuenta la posición de Júpiter, que nos dirá por dónde vendrá esa suerte y oportunidades, así como la impresión que causaremos socialmente.

Compatibilidad

Los de Sagitario se adaptan bien a casi todas sus parejas, les encanta la diversidad, pero desaparecerán si se les coarta en su libertad. Con sus iguales en elemento, Aries y Leo, tienen muchas posibilidades siempre que estos últimos no quieran dominar a Sagitario. Con los de aire, especialmente Géminis y Acuario, harán buena pareja compartiendo curiosidad, aprendizaje e intereses. Con Libra, quizás este último se adapte para conservar al alegre Sagitario. Los signos de tierra pueden aportarle estabilidad, pero también freno, pudiendo resultar la cosa en una pareja en la que cada cual va por su lado. En el caso de los signos de agua, quizás haya inicios con altas temperaturas, pero es muy posible que Sagitario se canse de sus elevadas demandas emocionales y salga corriendo.

CAPRICORNIO, del 22 de diciembre al 20 de enero

- **Elemento**: tierra.

- **Cruz**: cardinal.

- **Cualidad**: femenina.

- **Casa y número**: diez.

- **Símbolo**: la cabra.

- **Órganos**: huesos, rodillas, piel, pelo y dientes.

- **Planeta regente**: Saturno.

- **Palabras clave**: trabajo, ambición, responsabilidad, prudencia, constancia, rigidez, conservadurismo, rencor, cálculo, paciencia.

Las cualidades y defectos de Capricornio, quizás representan, como ningún otro, la forma y los medios de supervivencia en la Tierra. Con este signo cardinal, llega el comienzo del invierno, el frio y el recogimiento. Esta estación ya nos dice mucho del carácter de quienes tienen este signo.

Un rasgo muy característico, es que parece que nacen al revés. Desde su infancia y durante su juventud, sorprende su madurez, por lo que parecen mayores de lo que son. Suelen tener muy claro lo que vienen a hacer y desde pequeños nos muestran su capacidad de trabajo y el tesón que aplican a todo lo que hacen, incluso en sus estudios. Tienen una inteligencia notable y práctica y también, desde su reserva, una gran capacidad de observación. Son conservadores y tradicionales, por lo que no extraña que cuiden y sigan las tendencias familiares. Son correctos y perfeccionistas, y exigen lo mismo a los demás. No soportan el desorden ni la vaguería, siendo prácticos y realistas ante todo.

Se relacionan muy bien, pues para ellos es muy importante el prestigio. Son de carácter expresivo y extrovertido, poseen una gran capacidad para divertirse y tienen un maravilloso y original sentido del humor que les hace populares. Pero aunque parezca contradictorio, a su vez, suelen ser algo pesimistas y no confían demasiado en su potencial para tener éxito y lograr lo que se proponen. Fatalistas en ocasiones, se pueden convertir en los peores agoreros que podamos encontrar, aunque esto podrán amortiguarlo rodeándose de personas más optimistas. Disponen de un gran sentido común, que unido a su franqueza y forma de ser directa, puede aportar soluciones importantes cuando otros no las ven. Su nivel emocional es bastante bajo, quizás sea el signo más frio de todos, y por lo tanto tienen verdadera dificultad para compartir sus sentimientos, especialmente mediante palabras. Lo harán mejor de forma tangible y material, dando apoyo y seguridad. A esto ayudará una buena posición de Venus o la Luna como representantes del amor y las emociones.

No tienen problemas con la soledad, y de hecho la necesitan a menudo, aún así suelen crear sus propias familias y ser muy leales a ellas. Los Capricornio deben tener cuidado de no desequilibrar la balanza personal/profesional al dedicarle mucho más tiempo al trabajo que a la familia.

Como niños son responsables, serios, y obedientes, por lo que los padres estarán encantados con ellos. Pese a esto es importante que se les enseñe bien a compartir sus emociones. Sobretodo, nunca debemos olvidar que se trata de niños, y no de adultos. Su formación es muy importante para su seguridad y futuro.

En el amor, son leales y comprometidos y no soportan las relaciones banales y superficiales. Por lo general, dan prioridad a su carrera y no piensan en crear una familia si no están ya bien establecidos y seguros. Es muy importante que tengan una buena educación sexual para no vivirla como un puro acto mecánico, y si es así, los pertenecientes a este signo ganan mucho en la intimidad. No suele gustarles las demostraciones afectivas en público. Son bastante exigentes y buscan un igual.

Ascendente

Cuando Capricornio es el ascendente, su signo polar; Cáncer, adquiere mucha importancia, por lo que no solo le aportará una gran capacidad de trabajo, si no que esta la dirigirá al firme propósito de dar bienestar, protección, tiempo, y seguridad a su familia. Compartiendo con esta sus logros al ser su principal motivación.

Compatibilidad

Sin duda con Tauro y Virgo tendrán un gran apoyo a la hora de lograr sus ambiciones, y ambos obtendrán la seguridad que tanto buscan. Los signos de agua, Cáncer y Piscis, se adaptarán fácilmente a su protector y estable Capricornio, y estos a cambio le enseñarán a mostrar sus sentimientos. Con Escorpio, puede mantener una excelente relación si ambos se respetan. Los signos de fuego, Aries y Leo, les pueden aportar pasión y creatividad, y juntos pueden compartir ambiciones. Con Sagitario seguro será más complicado o terminarán por andar por separado. En el caso de los signos de aire, quizás sean los más incompatibles, aunque puede tener con ellos una buena relación intelectual o de trabajo.

ACUARIO, del 21 de enero al 18 de febrero

- **Elemento**: aire.

- **Cruz**: fija.

- **Cualidad**: masculina.

- **Casa y número**: once.

- **Símbolo**: el aguador.

- **Órganos**: sistemas linfático y circulatorio, tobillos.

- **Planeta regente**: Urano/Saturno.

- **Palabras clave**: humanidad, independencia, solidaridad, rebeldía, genialidad, distancia, invención, amistad, originalidad, perversión.

Acuario es un signo de aire y fijo. Podemos decir que en Acuario se fijan las ideas. Pero también encontramos que maneja y vierte el agua (el elemento principal en la Tierra y el más necesario) en abundancia. En la antigua Sumeria esto era el símbolo de "difusión de la sabiduría".

Acuario es el hombre completo, y junto a los otros signos fijos; Tauro, Leo y Escorpio, representa la revolución y la sabiduría del alma. Por eso no es de extrañar, que los de este signo sean rebeldes, excéntricos, y originales. Suelen ser grandes visionarios, y a lo largo de la historia hemos encontrado desde profetas a inventores que se han adelantado a su tiempo, o le han dado un fuerte impulso.

Muchas de estas características se explican por su regente Urano, planeta que desde su aparición, ha provocado muchos cambios en la humanidad y muy rápidos. La tecnología, el desarrollo de la ciencia, la apertura de fronteras y los desplazamientos a casi cualquier parte, tiene que ver con esto. Son humanistas, y suelen prestar su ayuda a organizaciones por el bien comunitario. Su estilo de vida suele ser bastante particular, saliéndose de las normas y lo establecido, y esto puede provocarles dificultades en sus relaciones, sobre todo íntimas. Les gusta experimentar con lo que quizá otros ni se atreverían.

Los Acuario pueden ser glamurosos atractivos o *hippys* con las menos cargas posibles, y aunque son amistosos, son guardianes celosos de su privacidad, que les dota de un halo de misterio. Posee una mente inquisitiva y despierta, pero una vez fijadas las ideas, puede estancarse no sabiendo muy bien como llevarlas a cabo. Por eso es más inspirador que realizador. Es honrado y leal, por lo que estamos ante alguien en quien generalmente podemos confiar.

Independiente e inquieto, suele estar en continuo movimiento, aunque cuando para y está cómodo, le puede resultar costoso volver a ponerse en marcha. No necesitan mucho para vivir, y no dudaran en desprenderse de lo que tiene, y supone un lastre o una carga. Por lo general, al igual que el resto de signos de aire, suele tener un cuerpo ligero que conserva a lo largo de su vida, además de conservar rasgos de juventud. Su antiguo regente, Saturno, al igual que a Capricornio, les suele favorecer con una buena y longeva vejez. Emocionalmente y como signo de invierno, tampoco es especialmente emotivo, aunque Acuario se impregnará mejor de la emotividad de los demás.

El niño Acuario ya es muy independiente, y pareciera que anda siempre bastante distraído. Le gustará estar solo y en sus cosas, pero a su vez, es muy posible que sea el líder inspirador con los otros niños. Muy inteligente, puede aprender con rapidez, pero del mismo modo puede aburrirse con facilidad. Es conveniente que los padres aprendan a conocer al pequeño y se muestren amistosos y dialogantes.

En el amor, puede llegar a tener numerosas aventuras amorosas a lo largo de su vida, y costarle establecerse en un relación estable. Su carácter imprevisible, puede conducirle a realizar cambios constantes donde la sorpresa puede ser un día a día. Le atraen las personas inteligentes, misteriosas, independientes, y que provocan su curiosidad. Para tener una larga convivencia con ellos, es conveniente convertirse en su amigo y tener la capacidad de sorprenderle a menudo.

Ascendente

Cuando Acuario está en el ascendente, se muestran con mucha potencia las características de su signo opuesto, Leo. Y esto es muy positivo, pues este añadirá a la originalidad de Acuario, pasión y creatividad en todo lo que haga, y dónde mejor podrá expresarse es en la ciencia y el arte. Si además se añade a la carta una buena influencia de Venus, este expresará sus sentimientos con más calidez.

Compatibilidad

Posiblemente con Géminis establezca una de las mejores relaciones. Ambos son intelectuales, aman la libertad, y tienen personalidades e intereses parecidos. Con Libra, si ambos ponen de su parte también puede ser una buena relación. La relación con Sagitario puede ser divertida, y muy posiblemente viajarán y/o se dedicarán a la ayuda humanitaria. Con Leo se da una atracción natural que a veces no comprenden. Hay pasión, aunque parecen tan distintos, sin embargo son tan complementarios que pueden dar lo mejor de sí mismos en esta relación. No los veo con signos de tierra, aunque es posible que con Capricornio puedan formar una de las relaciones más estables. Y con los de agua, es posible que no entiendan tanta emocionalidad y sensiblería.

PISCIS, del 19 de febrero al 20 de marzo

- **Elemento**: agua.

- **Cruz**: mutable.

- **Cualidad**: femenina.

- **Casa y número**: doce.

- **Símbolo**: los peces.

- **Órganos**: pies.

- **Planeta regente**: Neptuno/Júpiter.

- **Palabras clave**: impresionabilidad, sensibilidad, ilusión, idealismo, romanticismo, ilusión, servicio, amor, escapismo, autoengaño.

Piscis es el último signo de la rueda zodiacal. Su planeta regente, Neptuno, si bien favorece la percepción, la inspiración y una alta sensibilidad, puede confundir si no se confía en su intuición. Los Piscis son amables y serviciales, y a menudo se desviven por ser útiles a los demás, y muy especialmente a quienes aman.

Su alto idealismo puede alejarlos de la realidad de las cosas, así como de la verdadera forma de ser de las personas, lo que hace que a menudo se sientan desengañados y decepcionados. Pese a que tienen un gran potencial, su inseguridad les impide manifestarlo. Cuando se les da el ánimo necesario, desarrollan una mayor seguridad y la confianza necesaria para realizar todo aquello de lo que son capaces. Por eso, serán muy importantes el tipo de personas con las que se rodeen habitualmente, pues tendrán una fuerte influencia en ellos. Además, son como esponjas que se empapan de las emociones de aquellos que les rodean. En los Piscis, la emocionalidad del agua está potenciada por la cruz mutable y constituye una fuerza muy poderosa que requiere que se la dé forma para poder ser útil.

Están fuertemente vinculados con la espiritualidad, y la manifiestan por medio de una fe a veces inquebrantable. Pero en su búsqueda pueden caer en manos de falsos profetas o cultos extraños.

Por lo general, su debilidad de carácter puede impedirles negarse ante la solicitud de otros y terminar haciendo cosas que no desean hacer. La influencia positiva y fuerte de los otros planetas personales puede ayudarles a ser más asertivos y a fortalecer su carácter. Tienen tendencia al quedarse en el sufrimiento y la negatividad, cayendo en el papel de víctimas fácilmente. También suelen caer en relaciones dependientes de las que no saben salir.

Los niños Piscis suelen ser adorables, buenos y muy cariñosos. Necesitan mucho amor y comprensión. Su autoestima necesita ser reforzada. La imaginación y el ensueño pueden ser grandes virtudes si los padres les enseñan a utilizarlas de forma constructiva, mediante la escritura o las expresiones artísticas. Son muy sensibles, no debe extrañarles si rompen a llorar con facilidad.

En el amor, los Piscis son enamoradizos, románticos y soñadores. Es su estado natural y no conciben la vida sin encontrarse con el objeto de su amor, por lo que casi siempre los encontraremos con pareja. Es conveniente que esta sea fuerte y un apoyo importante en el que pueda mirarse y reflejarse. Su pareja tendrá que hacer los esfuerzos por mantener este estado de enamoramiento y darle mucho cariño, pues si no se sienten queridos o entienden que el amor se ha apagado, es posible que no abandonen a su pareja, pero sí que busquen otro con quien hallarlo siendo infieles.

Ascendente

Cuando Piscis aparece como ascendente, el sujeto puede proyectar sus inseguridades en su pareja teniendo una actitud crítica con esta haciendo muy difícil la convivencia.

Pueden infravalorarse a sí mismos y mimetizarse con el entorno para ser como los demás, en busca de un reconocimiento que no obtendrán. Del mismo modo, esto, junto a la elevada imaginación que poseen, les puede convertir en excelentes y prolíficos actores que pueden representar cualquier tipo de papel.

Compatibilidad

Sin duda con Escorpio pueden tener una relación muy profunda y encontrar la fuerza que a ellos les falta. Con Cáncer se entenderá maravillosamente, aunque es más posible y recomendable una buena amistad, que seguramente durara toda la vida, que un matrimonio. Los signos de tierra, Virgo, Capricornio, y sobre todo Tauro, son muy recomendables, pues les aportarán estructura y confianza. Con los signos de Aire y de fuego no encontrarán nada en común, y será difícil que establezcan relaciones largas y estables con ellos, aunque sí que podrán entenderse en otros aspectos y recibir de ellos optimismo, motivación y más autoestima.

Los planetas

Nuestro sistema solar y la Tierra como centro del mismo

Desde que el hombre se dedicó a escudriñar los cielos, han estado presentes cinco de los planetas de nuestro sistema solar: Mercurio, Venus, Marte, Júpiter y Saturno. A estos, hay que añadir las dos luminarias, Sol y Luna, que son importantísimas en una carta natal y son consideradas como dos planetas más en astrología. Estos cuerpos celestes son los que fueron estudiados por la astrología clásica, hasta que a partir de los albores del siglo XVIII se descubrieron Urano, Neptuno y Plutón, revolucionando la astrología moderna y dando lugar a su desarrollo y crecimiento..

Comenzaremos por distribuirlos distinguiéndolos en varios grupos, según su área de influencia en la persona objeto de estudio y análisis.

Planetas personales

Estos definen fundamentalmente nuestra personalidad, intereses, vocación, habilidades, inteligencia, emociones, aptitudes y actitudes. Influyen en cómo nos relacionamos con el medio que nos rodea y con los otros. También determinan nuestro aspecto físico y nuestra salud. Estos son: Sol, Luna, Mercurio, Venus y Marte.

Planetas sociales

Se llaman así por que definen los aspectos externos que nos encontraremos y qué influencia tendrán en nuestras vidas. Están relacionados con el entorno social en el que nos movemos y las circunstancias ajenas a nosotros mismos. De hecho, son los tenidos en cuenta en la astrología kármica como descriptivos, tanto de las lecciones que tenemos que aprender o repetir por errores del pasado (Saturno), como de los dones o premios que recogeremos por las buenas acciones de vidas pasadas (Júpiter). El tan mal entendido karma no es ni más ni menos que las acciones que tenemos que llevar a cabo para aprobar con nuestro propósito de vida.
Estos son: Júpiter y Saturno, además de los nodos lunares, de los cuales hablaremos más adelante.

Planetas generacionales

Son los últimos en haber sido descubiertos. Su influencia abarca de siete a veintiún años, según el planeta. Esto no es casualidad, pues curiosamente responden muy bien a las inquietudes que se generan por grupos de edad y las acciones que llevan a cabo para constituir y desarrollar un tipo de cultura y sociedad determinada. Lo entenderás enseguida si hacemos alusión a las tendencias culturales que se crean y comparten por décadas, como por ejemplo: los Años 20, los Años 60, el 98, los años 80, o los *Baby Boom* y las generaciones X, Y, o los *millennials*. Estos son: Urano, Neptuno y Plutón.

El Sol

Nuestra estrella y centro del sistema solar, es tan grande como más de cien Tierras juntas. Al Sol se le hace referencia en lo que erróneamente llamamos nuestro horóscopo, pero en realidad se refiere a nuestro signo solar, o sea lugar que ocupa este en nuestro día y mes de nacimiento. Este representa nuestra esencia, la fuente, el alma, nuestra más profunda personalidad, y por lo tanto no siempre es fácil reconocerlo. Solo aquellos que nos conocen más íntimamente saben apreciar las características de este.

Se hace evidente cuando el sujeto posee una clara conciencia de sí mismo. Aquí se expresa nuestro potencial. Es la energía arquetípica masculina: la del padre, el jefe, la vida y el poder. Es el fuego, el yang.

El Sol está asociado al signo de Leo, y representa el día, la luz, el brillo, la magnificencia, el amor propio, la generosidad, la vitalidad y el amor. Fomenta la autoestima y la expresividad, así como la capacidad de ser el centro de atención, la cual puede derivar en un exceso de ostentación.

Mitología. El Sol ha sido representado como dios en numerosas civilizaciones. En Egipto Ra, en Roma Febo, en Grecia Apolo, y así en todas las culturas que nos preceden. Es por ello que representa el brillo, la pureza, el hombre perfecto, y así aparece representado en pinturas y esculturas: como un hombre desnudo y hermoso.

La Luna

Es el satélite natural de nuestro planeta. Da una vuelta completa a la Tierra en veintiocho días, y a su vez Luna y Tierra giran juntas alrededor del Sol. Los ciclos lunares son conocidos por todos desde la antigüedad, así como la influencia que estos tienen sobre todo lo que ocurre en nuestro planeta. De hecho es la mejor representación de cómo un astro influye en todos nosotros. Su elemento es el agua, que es el representativo de las emociones y el más abundante en la Tierra y en nuestro cuerpo. La Luna tiene un tremendo poder sobre las aguas, manifestado en las mareas, y sobre las emociones. En el momento en que la Luna se aparta, la tierra queda expuesta de forma directa al Sol, que representa la divinidad que ilumina todo lo que ha permanecido oculto por la Luna. Del mismo modo hay que tener en cuenta los eclipses y su influencia en una carta natal. Pues los nacidos en esos momentos suelen estar dotados de una personalidad y destino especialmente transcendentes. Es la energía arquetípica femenina: la madre, la nodriza, la mujer. Es el ying.

La Luna está asociada al signo de Cáncer, al alumbramiento, la familia, las emociones, la imaginación, lo oculto, el misterio, la noche, el instinto de supervivencia, la protección, el servicio y a la adaptabilidad sin resignación. En la carta natal nos hablará de la relación con nuestra madre y con las mujeres, de nuestra parte femenina, y sobre todo, de nuestra manera de experimentar e interiorizar nuestros sentimientos y emociones.

Mitología. A la Luna se la asocia con mitos que la muestran como una mujer femenina y hermosa, pero que también puede ser seductora y cruel para lograr sus propósitos; Lilith, Isis, Circe, Hécate, Selene... La cultura matriarcal es representativa y simbólica del culto a la diosa madre en el Neolítico y en las culturas en las que el hombre no había tomado todavía conciencia de su parte en la concepción de nuevos seres humanos. Del mismo modo, esas culturas ancestrales están vinculadas con la naturaleza, la madre universal o la *Pachamama*.

Mercurio

Es el planeta más próximo al Sol, por lo que su órbita, de solo ochenta y ocho días, discurre entre la de la Tierra y el Sol. Es el más pequeño conocido, pero también es el más rápido en astrología después de la Luna. Sus movimientos son comparativamente bastante excéntricos, pues su órbita igual se acerca que se aleja del Sol. Es por todo esto, que arquetípicamente se le asocia con la mente, la inteligencia, la comunicación, la rapidez mental, los viajes y los estudios. Este planeta estimula la mente, pero también puede hacer que un individuo tenga tendencia a discutirlo todo, a ser nervioso, crítico y a tensionar la comunicación con otros.

Mercurio está asociado a los signos de Géminis y Virgo. En Géminis representa a la gente intelectual, perceptiva, versátil, razonable, amante de los debates y buena comunicadora; a los curiosos siempre ávidos de aprender. En Virgo se asocia con la capacidad de observación crítica y minuciosa de cada detalle y con la investigación metódica y exhaustiva.

Mitología. Mercurio es el descendiente directo de Hermes, el mensajero de los dioses, y dios de los viajeros y los comerciantes. Creó la moneda y era un atleta extraordinariamente veloz. Se le suele representar con unas sandalias aladas y un yelmo y en disposición para salir corriendo.

Venus

Es el segundo planeta más próximo al Sol, y que al igual que Mercurio, carece de satélites naturales. Tarda doscientos veinticinco días en completar su órbita en torno al Sol. Su órbita, cercana a la de la Tierra, y su espectacular brillo, ha hecho que se le denomine como el Lucero del Alba, al ser aparentemente la primera estrella que aparece al atardecer.

Se le considera un planeta benéfico. Representa cómo sentimos y expresamos el amor y cómo nos relacionamos con los demás y con todo lo que nos rodea. Influye en nuestra apreciación de la estética y la belleza, y por lo tanto en la imagen que damos al mundo por medio de nuestra vestimenta, nuestra actitud y comportamiento, en la decoración de nuestros espacios y en nuestra manera de expresar sensualidad y la seducción. Sin duda, determina la imagen y la impronta que los demás ven en nosotros a primera vista. Su energía es claramente femenina y sus características son el amor y la armonía.

Venus, en astrología, está asociada a Tauro y Libra. En Tauro se manifiesta mediante el arte y la belleza manifestada en la materia, así como en el gusto por las posesiones materiales y en la necesidad de estabilidad. En Libra se centra en las relaciones y las formas, confiriendo simpatía, amabilidad, tacto y diplomacia. En negativo puede mostrarse dependiente tanto en las relaciones como en lo material.

Mitología. Nacida de la espuma del mar, Venus, o la legendaria Afrodita, es la diosa de la belleza, el amor y la fertilidad. Sensual y seductora, puede llegar a utilizar sus atributos de forma cruel con tal de conseguir sus objetivos. En algunos mitos, se dice, que Cupido era hijo de Venus y Marte, el dios de la guerra.

Marte

Marte, el planeta rojo, es el primero de los planetas más alejados de la Tierra respecto al Sol. Posee una órbita completamente excéntrica, por lo que puede pasar por acercarse al Sol a solo doscientos millones de kilómetros, o alejarse del mismo hasta doscientos veintiocho millones de kilómetros. Tarda seiscientos ochenta y siete días en dar una vuelta completa alrededor del Sol.

Su color rojo, apreciable a simple vista, hizo que los astrólogos le confirieran los siguientes atributos: la iniciativa, la energía física y la voluntad, así como la agresividad. Allá donde se encuentre en una carta natal, nos estará expresando claramente en qué lugar expresamos y encontramos todos estos atributos, para bien y para mal. Dependerá de lo bien o mal definido que se encuentre. Su energía es claramente masculina, y se expresa a través del vigor y la fuerza física y sexual, por todo ello, este planeta se asocia con lo militar y lo deportivo.

Marte se asocia a Aries, el primer signo solar. Desde antiguo ha sido regente de Escorpio y de la casa que rige. En Aries se manifiesta por la fuerte vitalidad, energía y disposición a asumir riesgos. En Escorpio lo hace en poderosos instintos sexuales y de seducción. Todo ello se manifiesta en cuerpos fuertes y musculosos siempre dispuestos para la lucha y la conquista.

Mitología. A Marte se le asocia con el dios de la guerra, Ares, un afortunado combatiente, pero no tanto en el terreno del amor. Aunque vestido para la batalla, siempre le quedaba tiempo para sus múltiples aventuras amorosas. Los romanos le rendían culto antes de las batallas, solicitando su coraje y protección.

Júpiter

Júpiter es el planeta más grande del sistema solar, de hecho cabrían todos los demás planetas dentro de él. Se encuentra a una distancia de setecientos setenta y ocho millones de kilómetros del Sol, y su órbita alrededor del mismo es de una vez cada 11,85 años. Tiene quince lunas, algunas de ellas visibles desde la tierra con un pequeño telescopio, entre ellas, Io, Europa, Calisto y Ganimedes, descubiertas por Galileo con el primer telescopio conocido.

Asociado con la suerte, la protección y la abundancia por su majestuosidad, sus características son la expansividad, tanto intelectual como física. La filosofía, las lenguas y el aprendizaje son propios de este arquetipo, por lo que es propio de «buscadores» de saberes profundos.

Júpiter es regente de Sagitario, y en la astrología antigua de Piscis, antes de que apareciera Neptuno, su actual regente. Su influencia dota de optimismo, capacidad para los idiomas, espíritu inquieto y sentido de la lealtad y la justicia. Aunque un Júpiter mal aspectado puede ensalzar excesivamente el idealismo, optimismo, el despilfarro, y la presunción.

Mitología. Júpiter, Zeus en la mitología griega, dios de dioses y de los hombres, hijo de Saturno y Rea, derrotó a su progenitor y liberó a sus hermanos Poseidón (Neptuno) y Hades (Plutón) que habían sido devorados por este último. Protege a los suyos, y por su alto sentido de la justicia, castiga o recompensa sus actos. Sus atributos son el rayo, el águila, el toro y el roble.

Saturno

Saturno es el segundo planeta más grande del sistema solar. Se distingue especialmente por sus anillos en torno al mismo, y aunque destaquen tres, son cientos. Con más de sus ochenta lunas descubiertas, entre las que destacan Titán, Lapetus o Rea, de dimensiones tan grandes como algunos de los planetas de nuestro sistema solar, se encuentra a una distancia de más de mil cuatrocientos millones de kilómetros, y su órbita alrededor del Sol es de veintinueve años y medio.

Simbólicamente se le relaciona con las limitaciones del tiempo, el karma y con las duras lecciones que nos da la vida. Nos habla de cautela, practicidad y del arduo trabajo que se necesita para conseguir aquello que anhelamos en nuestras vidas.

Saturno ha regido siempre a Capricornio y Acuario, pero en la actualidad, aunque tiene domicilio en ambos, solo se asocia al primero, dotándole de perseverancia, tenacidad y gran capacidad de trabajo y gestión del tiempo. Su estatus da el poder que se desea recuperar. Esto, junto a la practicidad y desconfianza, puede convertir también a Acuario en un ser egoísta, estrecho de miras e incluso cruel.

Mitología. Originariamente fue el dios del tiempo (Cronos) y de la agricultura. Devoró a sus hijos por miedo a perder el poder. En Roma presidía los saturnales, fiestas dedicadas al placer y gozo de los sentidos. Los cristianos rebautizaron estas fiestas convirtiéndolas en la actual Navidad.

Urano

Es el primero de los nuevos planetas adheridos a la astrología. Fue descubierto en 1781 por Sir William Herschel. Se le conocen once lunas en la actualidad y un sistema de anillos. Se encuentra a dos mil ochocientos setenta millones de kilómetros y necesita un mínimo de ochenta y cuatro años para dar la vuelta al Sol (siete años por signo del Zodiaco), de ahí que su influencia sea compartida por generaciones, al igual que la de los siguientes descubiertos, Neptuno y Plutón.

Se asocia con la Revolución Francesa, la Revolución Industrial, la ciencia y la tecnología. Sin duda, tiene mucho que ver con la ciencia ficción y con la investigación del espacio, y por ello también representa a la astronomía y la astrología. Sus atributos son la rebeldía, las asociaciones, los cambios, los trastornos y la conmoción general, las desviaciones y excesos sexuales, e incluso el estrés y las depresiones nerviosas.

Urano rige al signo de Acuario y tiene que ver con la nueva era, las innovaciones, la genialidad y la inventiva. La androginia es característica de la evolución del propio ser humano, como si fuera al encuentro de un solo sexo. Por lo que encontraremos que tanto la mujer como el hombre acuarianos, suelen tener características notables del otro sexo. La extravagancia y la perversión pueden ser su aspecto más negativo.

Mitología. Urano, dios de los cielos, nació de la Tierra, a la cual más tarde poseyó. Fruto de esa unión incestuosa nació todo ser viviente. Fue castrado por su hijo Saturno, y de sus genitales, derramados en el mar, nació la hermosa Afrodita (Venus).

Neptuno

Neptuno fue descubierto en 1846 desde el observatorio de Berlín cuando se observaban unas anomalías en la órbita de Urano. Se halla a una distancia de cuatro mil quinientos millones de kilómetros, por lo que tarda ciento sesenta y cinco años en completar su órbita alrededor del Sol. Tiene catorce satélites conocidos, entre ellos Tritón, una de las lunas más grandes del sistema solar, y Nereida.

Su color azul recuerda al de los mares, razón por la cual le pusieron su nombre. Por lo tanto, y al igual que la Luna, también se relaciona con el elemento agua, y se relaciona con el inconsciente, la espiritualidad, el misticismo, e incluso con la videncia. Fomenta la imaginación, el idealismo y la fantasía y se relaciona con las artes, especialmente con la poesía y la danza. Representa la Era de la Cristiandad, la devoción y el servicio.

Neptuno se asocia con el signo de Piscis, el último de agua, dónde este elemento adquiere especial importancia y profundidad. La labor de servicio, sacrificio e idealismo, hace que el escape y la ilusión irreal, pueda apropiarse de estos nativos, así como la indolencia y la vaguedad.

Mitología. Neptuno se hizo heredero del legado de Poseidón, dios griego de los mares. Gobierna en ellos, además de en océanos, lagos y ríos. Su atributo es el tridente, y de su carro tiran los caballos de mar cuando salía de su palacio. Convertido en semental, cortejó a la bella Deméter cuando esta se convirtió en yegua. Es posiblemente por ello que se le asocia con las carreras de caballos.

Plutón

Plutón fue observado por primera vez en 1930 por Clyde Tombaugh, aunque con anterioridad, Percibal Lowell supuso que ya existía basándose en cálculos matemáticos. Se le considera un planeta enano desde el 2006, e incluso los hay que no lo consideran como tal. Tiene cinco satélites. La órbita del planeta está inclinada 17° con respecto a la elíptica y tarda doscientos ochenta y cuatro años en dar la vuelta completa al Sol. La excentricidad de su órbita hace que invada la de Neptuno.

Asociado a las profundidades de la Tierra, el subsuelo, los infiernos, y el mundo del subconsciente, sus características son los cambios repentinos, la destrucción y la manifestación de aquello que se ha querido mantener oculto. También se relaciona con el petróleo u oro negro, y por lo tanto con los recursos naturales de la tierra. Al mismo tiempo, da la capacidad de superarnos en las adversidades y renacer cual Ave Feníx de las cenizas del infierno.

Plutón rige el signo de Escorpio, los genitales y la reproducción sexual. Por la atracción que da por todo lo oculte, confiere capacidades para la magia y las artes esotéricas. Oculta las emociones y puede ser especialmente crítico, mordaz, sibilino y cruel.

Mitología. Plutón, el Hades griego, dios del inframundo y de las riquezas de la tierra, dominaba el Averno, y no había criatura que escapase de ser llevado a su reino de los muertos, situado al otro lado de la laguna Estigia. A menudo se ocultaba tras un casco, que a su vez le permitía tener numerosas aventuras amorosas sin ser reconocido. Raptó a Proserpina para casarse con ella. Ceres, la madre de esta, se afligió tanto que provocó el frío y el invierno.

Los distintos planetas tienen sus signos y casas de influencia dónde ejercen toda su fuerza y poder. Pero también otros donde se deprimen y debilitan, perdiendo energía y capacidad de acción. Esto lo podréis comprobar en el siguiente gráfico.

Planeta	Significado	Casa	Domicilio	Exaltación	Exilio	Caída	Pecado
Sol ☉	Ser, Ego, Esencia, Masculino Espíritu, Individualidad Yo Superior, Voluntad, Creatividad	5	Leo ♌	Aries ♈	Acuario ♒	Libra ♎	Orgullo
Luna ☽	Femenino, Mujer, Madre, Familia Emociones, Raíces, Yo Inferior Subconsciente, Sentimientos, Alma	4	Cáncer ♋	Piscis ♓ Tauro ♉	Capricornio ♑	Virgo ♍ Escorpio ♏	Pereza
Mercurio ☿	Pensamiento, Inteligencia, Mente Comunicación, Lógica, Expresión Realidad Concreta, Diálogo	3 6	Géminis ♊ Virgo ♍	Escorpio ♏ Acuario ♒	Sagitario ♐ Piscis ♓	Tauro ♉ Leo ♌	Envidia
Venus ♀	Amor Consciente, Sentimiento Belleza, Arte, Armonía, Relaciones Posesiones, Dinero	2 7	Tauro ♉ Libra ♎	Cáncer ♋ Piscis ♓	Escorpio ♏ Aries ♈	Capricornio Virgo ♍	Lujuria
Marte ♂	Deseo, Ambición, Impulso, Ardor Acción Vital, Energía Sexual Masculino, Guerra	1 8	Aries ♈ Escorpio ♏	Capricornio ♑	Libra ♎ Tauro ♉	Cáncer ♋	Ira
Júpiter ♃	Mente Superior, Expansión, Poder Espiritualidad, Ideal, Beneficio Opiniones, Mundos Lejanos, Fe	9 12	Sagitario ♐ Piscis ♓	Tauro ♉ Cáncer ♋	Géminis ♊ Virgo ♍	Escorpio ♏ Capricornio	Gula
Saturno ♄	Límites, Destino, Justicia, Ley Forma del Alma, Maestro, Padre Karma, Sabiduría, Estabilidad	10 11	Capricornio Acuario ♒	Libra ♎	Cáncer ♋ Leo ♌	Aries ♈	Avaricia
Urano ♅	Consciencia Universal, Intuición Sabiduría Ilimitada, Libertad, Caos Cambios, Rebelión, Originalidad	11 10	Acuario ♒ Capricornio	Virgo ♍ Géminis ♊ Escorpio ♏	Leo ♌ Cáncer ♋	Piscis ♓ Tauro ♉ Sagitario ♐	
Neptuno ♆	Sueños, Fantasías, Confusión, Velos Evasión, Espiritualidad, Misticismo Imaginación, Sacrificio, Encierros	12 9	Piscis ♓ Sagitario ♐	Acuario ♒ Cáncer ♋	Virgo ♍ Géminis ♊	Leo ♌ Capricornio	
Plutón ♇	Poder de Evolución, Destrucción Transformación, Eliminación Regeneración, Pasión, Psicología	8 1	Escorpio ♏ Aries ♈	Géminis ♊ Aries ♈	Tauro ♉ Libra ♎	Sagitario ♐ Libra ♎	

También encontraréis aquí los símbolos correspondientes a cada signo y planeta.

Hemisferios, cuadrantes y casas

La carta natal está distribuida en hemisferios superior/inferior y oriental/occidental. A su vez en cuatro cuadrantes y doce casas. Todo ello lo detallo a continuación.

El hemisferio Inferior comienza con la casa 1 determinada por el ascendente, y termina en la cúspide de la casa 7 o descendente. Y por lo tanto contiene las seis primeras casas, y los dos primeros cuadrantes. "Este contiene el mundo subjetivo, el enfoque interior e íntimo, en el que el individuo se forja y desarrolla, para después poder ser expresado al mundo exterior".

El hemisferio Superior comienza en la cúspide de la casa 7 culminando en la cúspide del ascendente, abarcando desde la casa siete a la doce, y conteniendo los cuadrantes tercero y cuarto. "Simboliza la experiencia consciente y focalizada en el mundo exterior, en lo social. Se aleja de su dominio interior para impulsarse en los asuntos y objetivos que se marca a nivel social, y como se adapta al mismo".

Después analizaremos los cuadrantes, que del mismo modo que los hemisferios y según la mayor concentración de planetas en los mismos, nos hablará de dónde se dirige nuestra mayor concentración de energía, intereses, y oportunidades.

- **Primer cuadrante** (casas 1,2 y 3). "Es el yo, el individualismo". Si es dominante, nos encontraremos con una persona centrada en su propio camino y escuchará su verdad interior. Con auto-confianza y energía para la acción y el logro de sus objetivos, y su crecimiento personal. Su experiencia personal aumentará en la medida que a su vez, sea útil para el colectivo circundante. Capacidad de liderazgo.

- **Segundo cuadrante** (casa 4,5 y 6). "La motivación interna dirigida a sus vínculos más íntimos". Aquí encontraremos la relación y el sentimiento de seguridad y de pertenencia que le une a su entorno más inmediato; raíces, familia, comunidad, compañeros de trabajo. Esta integración va directamente ligada a su percepción de identidad personal que muestra y como se relaciona para después exponerse al mundo.

- **Tercer cuadrante** (casas 7,8 y 9). "Nuestra actitud y expresión respecto a los vínculos y compromisos que nos creamos". Aquí los vínculos se expanden y dirigen hacia lo social, y se enriquece al compartir nuestras experiencias con los otros. El sujeto, desarrolla una mayor perspectiva social y la habilidad para establecer proyectos conjuntos con otros colectivos. Se aleja de sí mismo, para entregarse a las demandas del medio y las personas con las que se rodea.

- **Cuarto cuadrante** (casas 10,11 y 12). "La motivación exterior dirigida a la dejar un legado al mundo y la autodeterminación". Aquí hallaremos la energía que nos motiva a la consecución de objetivos junto con otros, así como la aprobación y recompensa externas que esperamos o merecemos según nuestros actos. Además de la contribución que hacemos a la sociedad y el mundo. Dónde nos realizamos socialmente, y logramos una reputación.

Resumiendo,; un predominio del primer cuadrante, estará centrado en el "yo para mí". En el segundo cuadrante, en el "yo para la familia, los míos". En el tercero, el "yo con los otros, mis compromisos". Y finalmente en el cuarto, en "los otros para mí, y yo para el colectivo".

Las casas astrológicas

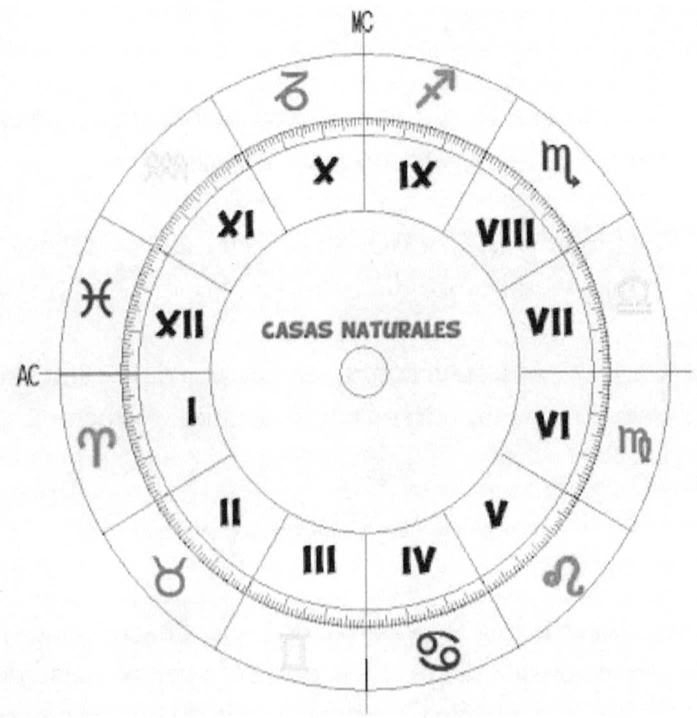

Para la astrología, el año comienza con la primavera, y por lo tanto con el signo de Aries, que rige la primera casa, como veremos a continuación. Las casas representan cada esfera de la vida humana, y mediante su interpretación podemos descubrir en que campo de nuestra vida cotidiana podemos ser más afectados por la situación (natal) y movimientos (tránsitos) de los distintos planetas. Es muy importante tener en cuenta la casa y el signo donde se halla un planeta, como indica la tabla anterior, para saber el tipo de energía que emite. En el caso de domicilio o exaltación, el planeta y sus atributos se harán más poderosos y positivos. Mientras que en el caso de exilio o caída, el planeta estará debilitado, y no podrá expresarse adecuadamente. El signo ascendente determina la primera casa.

- Los planetas representan la motivación con la que nacemos y nos encontramos en la vida.

- Los signos del Zodiaco nos mostrarán como encauzamos y utilizamos dichas motivaciones.

- Las casas muestran cómo y en qué área de nuestra vida se manifestarán nuestras motivaciones y esfuerzos.

Primera casa: Marte y Aries

Esta casa es la más importante de la carta natal, ya que la determina el ascendente. Es la casa de la personalidad del individuo y determina su constitución, biología corporal, salud, resistencia ante la enfermedad, temperamento, aptitudes y actitud. Influye en la motivación psicológica esencial y en la impronta que dejamos en el mundo.

Segunda casa: Venus y Tauro

Aquí está la actitud que toma el individuo respecto a la forma de ganar su dinero y buscar estabilidad y seguridad. Dentro de esta casa entran cuestiones como la relación con la naturaleza, el matrimonio, la belleza, el arte, los sentimientos y las posesiones y la imagen personal.

Tercera casa: Mercurio y Géminis

En esta casa encontramos el tipo de relación que tenemos con los hermanos, parientes cercanos y vecinos. Influye en cómo se desarrolla nuestra etapa escolar y en nuestro interés por el estudio. También tiene que ver con cómo nos comunicamos y con todo aquello que despierta nuestra curiosidad. Determina nuestra inteligencia, nuestras capacidades oratorias y nuestros viajes.

Cuarta casa: Luna y Cáncer

Esta casa corresponde sin duda al hogar del que procedemos, nuestros padres, y muy especialmente la madre. Determina la familia que nos precede, de la cual hemos interiorizado prejuicios y creencias, pero también la familia que formaremos en el futuro. Tiene que ver con el hogar y las raíces y con los cambios que en ellos acontecen.

Quinta casa: Sol y Leo

Esta es la casa de la creatividad, los artistas, los hijos, el padre, el placer, las relaciones amorosas, los amigos, el riesgo y el juego. Aquí entran las pasiones instintivas y es donde la creatividad se manifiesta en un amplio abanico de posibilidades. Desprende también un aire matemático y científico. Determina la relación que establecen los padres con sus hijos, al contrario de la cuarta casa que fija las relaciones es de los hijos con sus padres y mayores.

Sexta casa: Mercurio y Virgo

Es la casa del trabajo y las aficiones. También es la de la salud; mientras la casa uno habla de nuestra constitución física, aquí entran los hábitos de alimentación e higiene y el ejercicio, por todo ello tiene mucho que ver con nuestro estado de bienestar general. Aquí veremos los hábitos diarios que construimos y a su vez el tipo de servicios que prestamos y nuestra actitud cuando los demandamos.

Septima casa: Venus y Libra

Esta es la casa de los compromisos que adquirimos y nuestra actitud hacia ellos: pareja, amigos muy íntimos, socios y todas aquellas personas con las que sientes una conexión especial. Las relaciones que comienzan en la casa cinco aquí pueden llegar a estabilizarse. Esta casa refleja las necesidades básicas del individuo en relación con los otros y la clase de compañero de vida que desea. Las personas del signo que ocupa esta casa nos suelen atraer irremediablemente. También influye en la búsqueda de armonía y justicia. La cúspide de la casa siete es el descendente, directamente opuesto al ascendente, que representa nuestra individualidad.

Octava casa: Plutón y Escorpio

Si la casa dos está relacionada con el dinero y las posesiones conseguidas con nuestro esfuerzo, la casa ocho, su opuesta, es la de las donaciones y herencias que recibimos, las inversiones y los seguros Por otro lado, aquí se encuentran las reflexiones acerca de la muerte y de lo que ocurre después de esta. La sexualidad, las crisis internas y profundas, los cambios drásticos, las pérdidas, apegos y desapegos, las renuncias y el renacimiento, son temas propios de esta casa, así como nuestra actitud hacia ellos.

Novena casa: Júpiter y Sagitario

Gracias a esta casa sabremos cuales son nuestros intereses en cuanto a saberes superiores, ideales, sueños, desafíos, espiritualidad y atracción por otras culturas y religiones, filosofía, leyes, comunicaciones, relaciones y viajes. Esta casa influye en la capacidad lingüística para aprender otros idiomas. Aquí aprenderemos a vivir fuera de nuestro país o a conquistar a alguien extranjero. Profesionalmente, tiene que ver con el turismo y el comercio internacional.

Décima casa: Saturno y Capricornio

El medio cielo determina dónde comienza esta casa en la mayoría de sistemas de cartas. Esta casa se relaciona con el padre, los jefes, las autoridades, el gobierno, el poder, la tradición y con las responsabilidades. Influye en cómo desempeñamos nuestra profesión y en nuestra reputación y en cómo el individuo se enfrenta a todas estas cuestiones. Determina las aspiraciones y ambiciones que tenemos y nuestras oportunidades y éxito laboral.

Undécima casa: Urano y Acuario

Habla de nuestra vida social y de las oportunidades y dificultades que nos ofrece, de nuestra conciencia social y de los objetivos que nos marcamos y compartimos con grupos afines a nosotros que no tienen que ver con nuestra profesión, sino con nuestro compromiso con el mundo que vivimos.

Duodécima casa: Neptuno y Piscis

Es la casa kármica por excelencia, la que responde a nuestros actos y nuestras experiencias de vidas pasadas, a las experiencias futuras y de los actos que deberemos realizar para sanar las heridas de nuestra vida anterior. Habla de los servicios y sacrificios que tendremos que prestar para alcanzar nuestro objetivo y de las conductas evitativas que realizamos cuando no que queremos encarar el problema, por ello se relaciona con instituciones como hospitales o prisiones. Esta casa también tiene que ver con el interés en la espiritualidad y nuestra evolución a este respecto, con la naturaleza de nuestro inconsciente, con nuestro estado psicológico y con como nos vemos afectados por los acontecimientos de nuestro entorno.

Anexos

Personajes famosos de cada signo

Aries

Leonardo da Vinci, Rafael, Marlon Brando,
Charles Chaplin, Octavio Paz, Vicent Van Gogh,
Alejandro Amenábar, Miguel Bosé,
Diana Ross, Eddie Murphy.

Tauro

Salvador Dalí, Frank Capra, Shirley MacLine,
William Shakespeare, Barbara Streisand,
Penélope Cruz, Cher, Michelle Pfeiffer,
Karl Marx, Jack Nicholson.

Géminis

Jacques Costeau, Sigmund Freud,
Jonh F. Kennedy, Stan Laurel, Marilyn Monroe,
Clint Eastwood, Paul McCartney, Orson Welles,
Brooke Shields, Naomi Campbell.

Cáncer

Antonio Gaudí, Frank Kafka, Pablo Neruda,
Tom Cruise, Harrison Ford, Ringo Starr,
Meryl Streep, Zinedine Zidane, Victoria Abril,
Messi, Chayanne.

Leo

Napoleón Bonaparte, Madonna, Robert de Niro,
Antonio Machado, Isabel Allende,
Carlos Santana, Bill Clinton, Enrique Granados,
Sean Pean, Mata Hari, Mussolini.

Virgo

Madre Teresa, Agatha Christie,
Reina Isabel I, Greta Garbo, Sean Connery,
Fernando Fernán-Gomez, Richard Gere,
Claudia Schiffer, Beyonce.

Libra

Miguel de Cervantes, Luciano Pavaroti,
Margaret Thatcher, Pedro Almodóvar,
Will Smith, Catherine Zeta Jones, Matt Dallon,
Julie Andrews, Adolfo Suárez.

Escorpio

Pablo Picasso, María Curíe, François Mitterrand,
Sofía Reina de España, Leonardo DiCaprio
Whoopi Goldberg, Diego Maradona,
Hillary Clinton, Enma Stone, Anne Hathaway.

Sagitario

Tina Turner, Antoni Tapies, Rafael Alberti,
Bruce Lee, Edith Piaf, Josep Carreras,
Alfredo Kraus, Petra Kelly, Winston Churchill,
Concha Velasco, Brad Pitt.

Capricornio

Juan Carlos I, Pio Baroja, Louis Pasteur,
Mao Ze Dong, Marlene Dietrich, Maggie Smith,
Imperio Argentina, Anthony Hopkins,
Diane Keaton, Faye Donaway.

Acuario

Plácido Domingo, Lord Byron, Anna Pavlova,
Gustavo Adolfo Bécquer, Angela Davis,
Lewis Carrol, Nastassa Kinski,
Humphrey Bogart, W.A.Mozart, Felipe VI.

Piscis

Miguel Ángel, Luis Buñuel, Nina Simone,
Gabriel García Márquez, Elizabeth Taylor,
Auguste Renoir, Joaquin Sorolla,
Alfredo Landa, Mijail Gorbachov.

Países y ciudades importantes de cada signo

Aries

Inglaterra, Dinamarca, Alemania, Polonia, Palestina,
Israel, Siria, Japón,
Nápoles, Zaragoza, Cracovia, Leicester,
Birmingham, Marsella.

Tauro

Irlanda, Irán, Georgia, Grecia, Chipre, Bielorrusia,
Lucerna, Mantua, Palermo, San Luis, Leipzig,
Dublín, El Cáucaso.

Géminis

Estados Unidos, Bélgica, Islandia, Túnez, Armenia, Gales,
Bajo Egipto, Flandes, San Francisco, Versalles,
Londres, Córdoba, Lombardía.

Cáncer

Escocia, Holanda, Nueva Zelanda,
Islas Mauricio, Paraguay,
Túnez, Argel, Ámsterdam, Nueva York, Venecia,
Cádiz, Génova, Manchester.

Leo

Francia, Italia, República de Macedonia, Rumanía,
Sicilia, Roma, Bohemia, Bristol, Los Ángeles,
Madrid, Chicago, Bombay.

Virgo

Turquía, Suiza, Irak, Kurdistán, Croacia,
Uruguay, Brasil,
Las Antillas, Creta, Atenas, Toulouse, Virginia,
Estrasburgo, Brindisi, Lyon.

Libra

Austria, Indochina, China, Tíbet, Líbano,
Argentina, Camboya, Vietnam, Laos,
Saboya, Amberes, Frankfurt, Viena, Copenhague,
Lisboa, Leeds.

Escorpio

Argelia, Siria, Marruecos, Noruega,
Cataluña, Judea, Fez, Baltimore, Liverpool, Dover,
Mesina, Capadocia, Milwaukee.

Sagitario

España, Arabia Saudí, Australia, Sudáfrica,
Madagascar, Hungría, Chile,
Toscana, Provenza, Narbona, Moravia, Sheffield,
Budapest, Colonia, Aviñón.

Capricornio

Afganistán, India, México, Bosnia, Albania,
Lituania, Bulgaria,
Delhi, Ciudad de México, Baja California, Bruselas,
Oxford, Brandemburgo.

Acuario

Rusia, Suecia, Finlandia, Irán, Etiopía,
Moscú, San Petersburgo, Helsinki, Bremen,
Hamburgo, Salzburgo, Trento.

Piscis

Portugal, Egipto, Samoa,
Sevilla, el Sahara, Alejandría, Jerusalén,
Santiago de Compostela.

Frases y citas célebres sobre astrología

Frases de Galileo Galilei
(astrónomo y físico italiano)

- *"Eppur si muove"* (Pero se mueve). Según cuentan, después de que Galileo tuviera que desmentir sus descubrimientos que habían levantado una gran polémica en la Iglesia, dijo en voz baja *Eppur si muove*, afirmando así que la Tierra no era el centro del universo, y que este se movía al igual que los planetas en el cielo.

- *"En lo tocante a ciencia, la autoridad de un millar no es superior al humilde razonamiento de un hombre".*

- *"Nunca me he encontrado con alguien tan ignorante de quien no pudiese aprender algo".*

- *"Si pudieras ver la Tierra iluminada cuando estuvieras en un lugar tan oscuro como la noche, la verías más espléndida que la Luna".*

Otras citas célebres

- *"Sigues tu camino pero llegas a una bifurcación y no sabes por dónde tirar. Subes a un árbol y desde allí divisas cuál de los dos caminos es el tuyo. Bajas y lo tomas. Ese árbol es la astrología".*

Juan Estadella Ferreter

- *"La astrología es como un buen mapa de carreteras: te señala el mejor camino, que no siempre es el más corto ni el más fácil".*

Juan Estadella Ferreter

- *"La astrología representa la suma de todos los conocimientos psicológicos de la antigüedad".*

Carl Gustav Jung

- *"Nacemos en un momento dado en el que ello toma lugar y como los vinos buenos tenemos las cualidades el año y la estación en los cuales hemos venido a este mundo. La astrología no debe justificar nada más".*

Carl Gustav Jung

- *"La astrología es como la medicina, es una ciencia-arte, no una ciencia exacta".*

Juan Estadella Ferrater

Y termino con Albert Einstein, inspirado neptuniano Piscis, y hombre adelantado a su época. No podemos negar que siempre ha habido y habrá humanos adelantados a su tiempo, visionarios que abren caminos al resto de la humanidad, que esté dispuesta a **ver** desde la intuición perceptiva del agua, así como a entrar y adaptarse a los ciclos de movimiento y constante cambio que Urano y la era en la que desde hace tiempo, venimos constatando. Bienvenidos a una época histórica que dará mucho que hablar; "La era de Acuario". Lamentablemente, en demasiadas ocasiones, tenemos que recurrir a nuestra historia, para **ver** y **re-conocer** todo aquello que en el "presente" no fuimos capaces, de estar "presentes".

- *"Si no se peca a veces contra la razón, no se descubre nada".*

- *"Ponga su mano en una estufa caliente por un minuto, y le parecerá como una hora. Siéntese con una muchacha bonita por una hora, y le parecerá un minuto. ¡Eso es relatividad!"*

- *"¡Triste época la nuestra! Es más fácil desintegrar un átomo que un prejuicio".*

- *"No sé cómo será la tercera guerra mundial, pero sé que la cuarta será con piedras y lanzas".*

- *"Si mi teoría de la relatividad es exacta, los alemanes dirán que soy alemán y los franceses que soy ciudadano del mundo. Pero si no, los franceses dirán que soy alemán, y los alemanes que soy judío".*

- *"Lo más incomprensible del universo, es que sea comprensible".*

- *"A veces pienso que la prueba más fehaciente de que existe vida inteligente en el universo, es que nadie ha intentado contactar con nosotros".*

- *"Sólo dos cosas son infinitas: el universo y la estupidez humana, y de lo primero no estoy tan seguro..."*

- *"La astrología es una ciencia en sí misma y contiene un luminoso cuerpo de sabiduría. Me enseñó grandes cosas y estoy, en gran deuda con ella".*

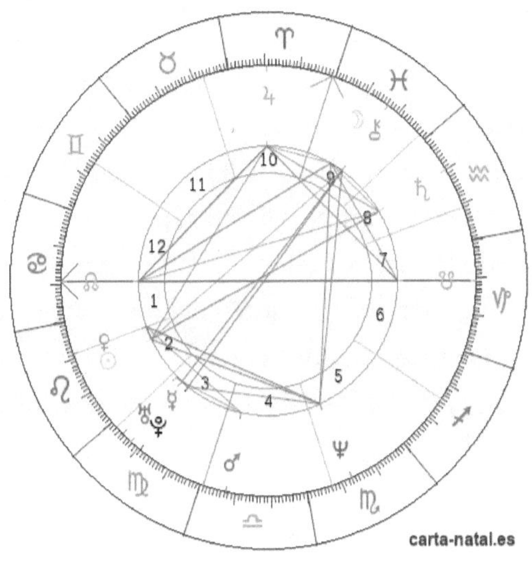

- **Signo Solar:** Leo
- **Ascendente** Cáncer
- **Signo Lunar:** Piscis

La carta astral es un extenso y detallado documento que nos va descubriendo las facetas más importantes de nuestra vida, dándonos toques acerca de nuestra personalidad y también de nuestro destino. La repetición de un mismo factor psicológico o tendencia de destino en diferentes puntos de la interpretación es un síntoma inequívoco de que dicho factor tendrá más posibilidades de manifestarse con fuerza en la vida. La contradicción de diferentes factores psicológicos o tendencias de destino a lo largo de la interpretación es un síntoma de dualidad. Por un lado unas energías planetarias indican una cosa, mientras por otro lado otras energías planetarias indican tendencias contrarias. La resolución a este conflicto (muy común en muchas cartas natales) lo determinará nuestra propia evolución psicológica y espiritual, o, dicho en otras palabras, nuestra madurez ante la vida, pues muchas veces a lo largo de la existencia se nos brindan diferentes caminos a elegir, y mientras unas personas se pasan toda la vida dudando, otras saben escoger la opción correcta. Hay que advertir finalmente que por encima de los influjos astrológicos, señalados en la interpretación de la carta astral, se sitúa siempre un factor muy importante: el poder de la voluntad del hombre, el cual puede, por su propio esfuerzo, entrar en la dirección recta y corregir, en gran medida, las limitaciones o dificultades señaladas por los aspectos estelares.

"Los astros inclinan, pero no obligan", dice un antiguo aforismo astrológico. Otro, igual de certero, nos advierte: *"El sabio gobierna las estrellas, el necio las obedece"*.

Dónde sacar tu carta natal

En las siguientes páginas podréis sacar vuestro mapa natal, pero recordar que para interpretarlo, tenéis que acudir a buen profesional.

www.carta-natal.es

www.sermasyo.com

www.losarcanos.com

www.astrocentro.com

www.clarin.com

www.astro.com

Para aprender

Recomiendo dos páginas web, de dos profesionales excepcionales; Adrian Zamora, quien nos ha cedido las imágenes de su autoría, para los signos del Zodiaco. En Adorian Desing y Youtube; Astrodesing. Y Lourdes Muñoz, autora de la página Astro Ideas, y excelente profesional en astrología mundial.

https://adoriandesign.com/es/blog

www.astro-ideas-profesional.com

Mis links

https://www.youtube.com/results?search_query=brighid+de+fez

https://www.youtube.com/results?search_query=brigida+de+-fez&sp=mAEB

https://www.facebook.com/brighidefez

https://www.facebook.com/SabviaBrighid/

http://www.lamagiadeltarot.guiaburros.es/

https://www.facebook.com/tertuliasdemadrid

http://www.lamagiadeltarot.guiaburros.es/entrevista-brighid-fez-autora-del-guiaburros-la-magia-del-tarot-radio-90-motilla-cadena/ Colaboradora de Radio 90 Motilla, Cadena Ser, desde el año 1998 hasta el 2014, incluidos. Tarot en directo y temas relacionados con Artes Esotéricas, Misterio y Terapias Naturales.

https://www.ivoox.com/brighid-fer-ondasyradios2000-230319-audios-mp3_rf_34123266_1.html

https://www.ivoox.com/brigida-fer-ondasyradios2000-091018-audios-mp3_rf_29306659_1.html

https://www.ivoox.com/mision-vision-15-audios-mp3_rf_36149852_1.html Mi entrevista

https://www.mitele.es/.../tod.../5c6c31008bd4e5d4b18b45bb/player Programa 31 Programa de La Cuatro TV, "Todo es Mentira", con la Lectura de Manos de los candidatos a la Presidencia de España.

https://cincopalabras.com/2018/12/02/el-prologo-del-mes-de-diciembre-brighid-de-fez/

https://cincopalabras.com/2018/12/09/escribe-tu-relato-de-diembre-ii-brigida-de-fez-profesional-en-ciencias-esotericas/

La situación de la astrología en la actualidad

Nos encontramos inmersos en la era de Acuario, signo que rige la astrología, y muchos de los astrólogos, alquimistas, profetas y científicos de nuestra historia. Muchos piensan que simplemente está de moda, pero las modas son pasajeras. Y la astrología ha venido a quedarse, por lo que es tendencia. Después de un parón forzado por los que la llamaron "esa vieja loca", sin conocimiento alguno de la misma, y en la prepotencia de quienes creyendo que lo saben todo, no saben nada. La madre de todas las ciencias, ha vuelto con toda su fuerza para ayudarnos a entender el propósito de nuestra estancia en este planeta y conocer las herramientas de las que disponemos para ello.

Patrocinio

La escuela esotérica y de terapias alternativas nace por la demanda de muchas personas que se han acercado a nosotros durante los más de doce años que llevamos abiertos, con la intención de obtener conocimiento serio y profesional sobre las diferentes temáticas que tratamos habitualmente desde nuestros establecimientos.

La **Orden de Ayala** de una manera más fácil y cercana quiere ofrecer conocimientos a todo aquel que desee recibirlos en una escuela dedicada casi en su totalidad a impartir clases, talleres, master class, cursos etc., no solamente en nuestros centros, sino también en nuestro campus virtual. Además, abre sus puertas a presentaciones de libros, y exposiciones entre otras actividades. Un espacio abierto que nos mostrará poco a poco conocimientos y saberes de todo el mundo.

Web: **www.laordendeayala.com**
Tlfno: **918 320 023 / 914 501 824**
Móvil: **600 796 447**

Nuestras colecciones

Guías para todos aquellos que deseen ampliar sus conocimientos sobre asuntos específicos, grandes personajes, épocas, culturas, religiones, etc., ofreciendo al lector una amplia y rica visión de cada una de las temáticas, accesibles a todos los lectores.

Guías para gestionar con éxito un negocio, vender un producto, servicio o causa o emprender. Pautas para dirigir un equipo de trabajo, crear una campaña de marketing o ejercer un estilo adecuado de liderazgo, etc.

Guías para optimizar la tecnología, aprender a escribir un blog de calidad, sacarle el máximo partido a tu móvil. Orientaciones para un buen posicionamiento SEO, para cautivar desde Facebook, Twitter, Instagram, etc.

Guías para crecer. Cómo crear un blog de calidad, conseguir un ascenso o desarrollar tus habilidades de comunicación. Herramientas para mantenerte motivado, enseñarte a decir NO o descubrirte las claves del éxito, etc.

Guías prácticas dirigidas a la salud y el bienestar. Cómo gestionar mejor tu tiempo, aprenderás a desconectar o adelgazar comiendo en la oficina. Estrategias para mantenerte joven, ofrecer tu mejor imagen y preservar tu salud física y mental, etc.

Guías prácticas para la vida doméstica. Consejos para evitar el cyberbulling, crear un huerto urbano o gestionar tus emociones. Orientaciones para decorar reciclando, cocinar para eventos o mantener entretenido a tu hijo, etc.

Guías prácticas dirigidas a todas aquellas actividades que no son trabajo ni tareas domésticas esenciales. Juegos, viajes, en definitiva, hobbies que nos hacen disfrutar de nuestro tiempo libre.

Guías para aprender o perfeccionar nuestra técnica en deportes o actividades físicas escritas por los mejores profesionales de la forma más instructiva y sencilla posible.

Autores para la formación

Editatum y GuíaBurros te acercan a tus autores favoritos para ofrecerte el servicio de formación GuíaBurros.

Charlas, conferencias y cursos muy prácticos para eventos y formaciones de tu organización.

Autores de referencia, con buena capacidad de comunicación, sentido del humor y destreza para sorprender al auditorio con prácticos análisis, consejos y enfoques que saben imprimir en cada una de sus ponencias.

Conferencias, charlas y cursos que representan un entretenido proceso de aprendizaje vinculado a las más variadas temáticas y disciplinas, destinadas a satisfacer cualquier inquietud por aprender.

Consulta nuestra amplia propuesta en www.editatumconferencias.com y organiza eventos de interés para tus asistentes con los mejores profesionales de cada materia.

EDITATUM

Libros para crecer

www.editatum.com